現場主義 ◆◆◆ ソーシャルワーカー最前線

第10号（2025年4月）

目　次

巻頭言　一番困っている人の場に身を置く	向谷地 生良	2

特　集 ― 国連障害者権利委員会総括所見が出されたもとで ―
国連総括所見から2年、いま現場は？　　4

総括所見が日本に勧告したこと　　　　　　　　　　　　　　　　　佐藤久夫　4
障がいのある方の自立生活を保障する　―映画「道草」上映会・トークショーから
　　　　　　　　　　　　　　　　　　　末永 弘、岡部耕典、宮秋道男　10
精神科病院の入院や退院支援について　今、私が思うこと、課題に感じていること
　　　　　　　　　　　　　　　　　　　　　　　　　　　　　　　高野通尚　16
知的障害者の「意思決定の支援」と成年後見制度　― 親の立場から―　岡部耕典　21
多様性を認め合う社会に　　　　　　　　　　　　　　　　　　　阪本美知子　24

後見人等が行なう意思決定支援について　　　　　　　　　　　　　　　　　27

事務所を訪ねて　ささえるさんの家となみ（富山県）　　　　　　鷲北裕子　32

＊書評＊　　　　　　　　　　　　　　　　　　　　　　　　　　　　　　36
　　ジュディス・L・ハーマン　中井久夫・訳『心的外傷と回復』
　　いちむらみさこ著　（創元社）『ホームレスでいること』

編集後記　39

巻頭言

一番困っている人の場に身を置く

社会福祉法人浦河べてるの家理事長
北海道医療大学名誉教授
向谷地 生良

　私のソーシャルワーカーとしての第一歩は、今から46年前（1978年）、北海道の田舎町の錆びついた鉄格子に覆われた精神科病棟（7病棟・90床）の看護スタッフの部屋に間借りをしたところからはじまりました。「7病棟」は、「あそこに入ったら終わり」と言われ、地域の人たちからも恐れられ、退院者は「7病棟あがり」と言われていました。そして、病棟は穴倉のように薄暗く、詰所と病棟を隔てるドアには布切れが下がったポリカーボネート製の小窓が付いていて、「看護婦さーん」と患者がドアをノックすると布切れを持ち上げて、話を聞くというのが定番でした。

　「7病棟」と言われた精神科病棟には、いつも2割から多い時で3割近い数のアルコール依存症患者が入院し、病棟はいつも満床で地域では精神障害者をめぐるトラブルや諍いが絶えませんでした。そんな中で、北海道日高管内（人口7万人、東京都の1.8倍の広さ）で最初のソーシャルワーカーとしてのスタートをきった私に"降りてきた言葉"が『精神「医」学＝"囲"学（「囲い込み」の医学）』、『「看」護＝"管"護（「管理」の看護）』、『「福」祉＝"服"祉（「服従」の福祉）』でした。そこから生まれた課題が、人の健康や安心した暮らしの回復について教育やトレーニングを受けた専門家が、何故、「パターナリズム」という"病"に陥るのか、それが私のソーシャルワーカーとしての一番の関心事となり、私の実践は、そこからはじまったように思います。

　そのきっかけとなったのは、駆け出しのソーシャルワーカーであった私が経験した幾多の"腹が立つ"体験でした。精神疾患が他の疾患と根本的に違うのは、一般の病気を抱えると、その人の周りには、同情や心配、気づかいと優しさが集まってきます。しかし、精神疾患を持つ人の場合は、多くの場合、人間関係が軋み、その周辺には怒りや不安、対立が渦巻いていました。当時、酒をめぐる諍いが続いている漁師の家を訪ねた際、酒乱の夫を殺して自分も死のうと心に決めて、泥酔して寝込んでいる夫の傍らに包丁をもって仁王立ちしている奥さんに遭遇したことがあります。毎日のように訪問を続けていた私にとって、奥さんの思いは、私の苛立ちでもありました。そして、気づいたのは、依存症をはじめとする怒りと対立の濁流に飲みこまれた私自身が、「"囲い"込みの医学」と「"管理"の看護」と「"服従"の福祉」に依存していたことです。

　それをきっかけにはじまったのが、精神障害を持つメンバーと古い教会堂を借り受けて一緒に暮らすという"社会実験"でした。それは「一番困っている人の場」に、身を置く感覚で自分と現場（状況）をモニターし、そこで見えてきた問題と"行き詰まり"を常に先行研究と先行実践と突き合わせながら当事者と共に考察を重ねるスタイルの実践へとつながっていきます。これは、認知・ヒューマニスティックアプローチを提唱したH・ゴールドシュタインが論じる「クライエントと共同してクライエントの生活状況の問題となる、もしくは混沌とした事情のなかで意味を理解し、意味を見出していこうとする立場」1）、いわゆる「クライエントの場からの出発」とも重なります。そして、それが後の「自分の困りごとや悩み、弱さとして表面化、意識化された問題を課題として

研究対象とし、自分自身で、仲間とともに、実験を重ね、自由自在に考察し、解き明かし、その成果を社会に開いていくプロセス」としての「当事者研究」(2001)につながっていきます。ここに私は「現場主義」の原点があるように考えています。

参考文献
1．小松源助　「ソーシャルワーク実践理論の基礎的研究」川島書店 2002

『現場主義』バックナンバー

創刊1号　　2012年6月刊行
　　　　　　巻頭言　秋田　武　／　小特集・私の後見事務処理
　　　　　　◆座談会　被災者支援とソーシャルワーカーの役割

第2号　　　2012年9月刊行
　　　　　　巻頭言　若穂井透　／　特別寄稿　浅井正行・オユンビリグ
　　　　　　◆特集　使命感に燃えるとき、燃えたとき　・震災インタビュー NPO底上げ　矢部代表に聞く

第3号　　　2013年6月刊行
　　　　　　巻頭言　清野清彦　／　特別寄稿　斎藤友子
　　　　　　◆特集　30代、40代で独立！　その時、考えたこと

第4号　　　2014年4月刊行
　　　　　　巻頭言　志賀文哉　／　特別寄稿　森川　清
　　　　　　◆特集　独立型社会福祉士とソーシャルワーク

第5号　　　2014年11月刊行
　　　　　　巻頭言　星野美子　／　特別寄稿　金井直子・張寧生・干暁輝
　　　　　　◆特集　地域で開業する社会福祉士たち

第6号　　　2021年6月刊行
　　　　　　巻頭言　高良　麻子　／　新生「現場主義」に何を期待するか
　　　　　　座談会　私たち、そして私たちの組織を、10年後、どう作るか、どうするか

第7号　　　2021年11月刊行
　　　　　　巻頭言　山下英三郎　／　理念と実践の乖離〜以下に埋め合わせるか
　　　　　　◆特集　コロナ禍の下で排除されることに抗いつつ
　　　　　　◇小特集　フィリピンの福祉施設を訪ねて

第8号　　　2022年5月刊行
　　　　　　巻頭言　麓　正博　／　人権・国連・ソーシャルワーカーの課題
　　　　　　◆特集　SDGsとソーシャルワーカー
　　　　　　◇小特集　大阪・グループホーム判決を考える

第9号　　　2023年3月刊行
　　　　　　巻頭言　戸枝陽基　／　日本の人口1億総活躍社会＝X
　　　　　　◆特集　SWの実践力を高める

*特集
—国連障害者権利委員会総括所見が出されたもとで—
国連総括所見から2年、いま現場は？

総括所見が日本に勧告したこと

佐藤久夫（日本社会事業大学名誉教授・日本障害者協議会理事）

はじめに

　日本に対する総括所見は、障害者権利条約（以下、条約）の第1条から33条までの全条項に対して勧告している点でも、19ページにわたる詳細さの点でも、それまでの約100本の総括所見の中で最も詳しいものの一つである。内容面では、似た内容の一般的な勧告が目立つ総括所見もあるなかで、日本へは実態を踏まえた具体的で厳しいものが多い1。

　この背景には、日本障害フォーラム（JDF）と日弁連のそれぞれ3回の文書報告（パラレルレポート）や審査への100名を超える傍聴団の参加、日本を担当した障害者権利委員会（以下、委員会）の委員（リトアニアのラスカスさんと韓国のキムさん）の熱意ある取り組みがあった。

　さらに、文書も対面審査も、条約の義務についての日本政府の理解不足をうかがわせた。都合の悪いことには触れない傾向は多くの国に見られるが、日本政府は施設入所者が自由にお花見を楽しんでいると述べるなど、権利委員や傍聴者を驚かせる場面もあった。このように、条約をおおむね適切に実施しており、合格点は得られるはずだとの日本の態度をみて、委員会は厳しい勧告が必要だと考えたのであろう。

　本稿では、まず日本が受けた勧告を概観し、次に、法政策の基本となる障害モデルの転換、精神医療の改革、教育・地域生活・労働のインクルージョンという3点をやや詳しく見てゆく。

勧告内容の全体像

　総括所見の主要部分である勧告は約100項目に及ぶ（表1）。条約の分野の幅広さを反映して非常に総合的なものとなっている。

　勧告の対象である締約国（国）とは統治機構の総体であり、国会、裁判所も中央政府も地方自治体も構成員である。一方、メディアや交通、医療、教育、福祉事業者、そして障害者自身やその家族など市民社会も勧告の内容をよく理解することが求められる。総括所見はパラグラフ72と74で、この総括所見を「検討し、行動するために」、これらの関係者に伝達するよう締約国に求めている。

　2022年にこの総括所見が出され、日本は4年ごとの定期審査のサイクルに入った。審査の「渋滞」のために次回審査はだいぶ遅れると予想されている。とはいえ、今回の勧告の実施状況を中心に次回報告を提出することが求められる。どの勧告が実施されたか、実施されなかったか、未実施の理由は何か、障害者の実態はどう変化したか、などが問われる。

表1 日本への総括所見（2022年）の主な勧告

第1-4条（一般原則及び義務）	・障害関連の法・政策を条約の人権モデルと調和させ、障害者を人権の主体と認識し、父権主義的アプローチをやめる。 ・すべての障害者に必要な支援を保障するため、医学モデルの障害認定制度を改める。 ・「心神喪失」、「精神錯乱」などの蔑称を改める。 ・「心身の故障」を理由とする欠格条項をなくす。 ・「インクルージョン」、「アクセシビリティ」などの正確な翻訳。 ・移動、コミュニケーションなどの支援の自治体間格差の解消。 ・国、自治体の政策協議への障害者を代表する団体の有意義な参加を確保する。 ・優生思想と闘い、その蔓延の法的責任の追及を目指し、津久井やまゆり園事件を見直す。 ・国・自治体、議会、司法、各種専門職の研修を強化し、条約への認識を高める。 ・選択議定書の批准。 ・条約23条4に関する解釈宣言の撤回。
第5条（平等及び無差別）	・障害者差別解消法を改正し、複合的差別および交差的差別を含める。 ・あらゆる分野で合理的配慮の拒否を差別として禁じる。 ・利用しやすい申立て・救済の仕組みの確保。
第6条（障害のある女性）	・障害関連法政策でジェンダー平等を促進し、ジェンダー政策で障害を主流化する。 ・障害のある女性と少女をエンパワーするための具体的措置を講じる。
第7条（障害のある子ども）	・すべての障害のある子どもが一般の保育制度を利用できるよう法制度を改正する。 ・自己に影響する事について、障害のある子どもが意見を聴取される権利を確保する。 ・あらゆる環境での、子どもへの体罰、虐待、暴力の防止と保護。
第8条（意識の向上）	・社会及びメディアにおける意識向上のための国家戦略を採用する。 ・意識向上のための取り組みとその評価への障害者の参加を確保する。
第9条（アクセシビリティ）	・ユニバーサルデザインを導入したアクセシビリティ行動計画の実施。 ・建築や情報通信分野の技術者に対する継続的な能力構築の取り組み。
第10条（生命に対する権利）	・緩和ケアを含む障害者医療における意思・選好の表明等、生命の権利の保障。 ・精神科病院における死亡事例の徹底的かつ独立した調査。
第11条（危険な状況及び人道上の緊急事態）	・災害対策基本法を改正し、障害者のプライバシー及び無差別の権利を保障する。 ・避難所や仮設住宅等をアクセシブルで包摂的なものとする。 ・障害者団体の参加した防災・気候対策の計画・実施による地域社会の強靭化。 ・災害等の緊急事態に際してアクセシブルな情報を保障する。 ・仙台防災枠組2015-2030に従って、減災・気候対策を策定する。 ・新型コロナウイルス感染症対応や復興計画で障害者の権利を主流化する。
第12条（法律の前にひとしく認められる権利）	・民法を改正し、意思決定を代行する制度を廃止し、法の前の平等を保障する。 ・第二期成年後見制度利用促進基本計画を見直し、支援つき意思決定制度を設置する。 ・2017年の意思決定支援ガイドラインの「本人の最善の利益」という言葉を見直す。
第13条（司法手続の利用の機会）	・被成年後見、施設入所、知的・精神障害を理由とする司法手続き参加の制限を廃止する。 ・すべての種類の障害者の司法における手続上の配慮及び年齢に適した配慮の確保。 ・裁判所、司法及び行政施設をユニバーサルデザインによりアクセシブルにする。
第14条（身体の自由及び安全）	・障害者の、機能障害または危険性を理由にした非自発的入院を認める法令の廃止。 ・障害者への同意のない精神科治療を認める法令の廃止とその監視制度の設置。 ・全ての障害者の医療において自由意思によるインフォームドコンセントを確保する。

第15条（拷問等からの自由）	・精神科病院における強制的な治療および虐待につながる拘束を認める法令の廃止。 ・精神科病院における強制治療及び虐待を防止するための独立した監視制度の設置。 ・精神科病院における、利用しやすい苦情申し立て、救済、処罰制度を設ける。
第16条（搾取、暴力及び虐待からの自由）	・障害のある女性と少女への暴力に対する調査、通報、苦情、救済、処罰の制度の確保。 ・障害者虐待防止法を見直して教育、医療、司法の場を含め、救済制度を確立する。 ・虐待被害者が利用しやすい支援・情報・通報制度の確立と、関係職員の研修。 ・法務省の性犯罪に関する刑事法検討会への障害者団体の効果的な参加。
第17条（個人をそのままの状態で保護すること）	・旧優生保護法のすべての被害者への明確な謝罪と適切な補償の実施。 ・障害のある女性への強制不妊手術及び強制的な中絶を明確に禁止する。
第18条（移動の自由と国籍）	・精神・知的障害者の入国拒否を許容している入管法第5条を改正する。 ・有能な通訳者の確保などによる、入国管理庁における合理的配慮と情報保障。
第19条（自立した生活及び地域社会への包摂）	・施設収容の廃止に向け、予算を施設から地域に振り向け、迅速な措置をとる。 ・認知症者を含む精神障害者の無期限の精神科入院をやめるため、全ケースを見直す。 ・親依存生活の人やGH居住者を含め、どこで誰と暮らすかの選択を保障する。 ・脱施設化と地域自立生活のための国家戦略を設け、都道府県に実施義務を課す。 ・不足している地域の住宅やパーソナル・アシスタンスを含む支援サービスを整備する。 ・医学モデルの支給決定制度を、障壁とニーズの評価を含む人権モデルに切り替える。
第20条（個人の移動）	・障害者総合支援法を改正し、通勤・通学・長時間の移動支援を保障する。 ・負担しやすい費用での移動補助機器や移動支援の利用・修理を全国で保障する。
第21条（表現の自由、情報の利用）	・すべての障害者のための情報・通信と意思疎通に関する基準を開発し整備する。 ・アクセシブルな情報・意思疎通様式の開発、推進、利用のための十分な予算の確保。 ・日本手話の公用語としての法的承認、あらゆる生活分野での手話言語の利用促進。
第22条（プライバシー）	・障害者のプライバシー保護のため、マイナンバー法及び個人情報保護法等を強化する。
第23条（家庭及び家族の尊重）	・精神障害を離婚事由と認める民法第770条第1項4号を廃止する。 ・障害児の家族分離を防ぐ早期介入・支援の強化、および地域での代替的監護への努力。
第24条（教育）	・特別支援学級を含む分離教育を懸念する。インクルーシブ教育国家行動計画の採択。 ・障害児の通常の学校への入学拒否を違法とする。 ・特別学級児が授業時間の半分以上を通常学級にいることを禁じる局長通知の撤回。 ・全ての障害のある子どものインクルーシブ教育のための合理的配慮の保障。 ・通常教育の教員等のインクルーシブ教育に関する研修強化、技術と意識の向上。 ・通常の教育で手話言語や「わかりやすい版」などへのアクセスを保障する。 ・高等教育への障害学生のアクセスを保障する総合的国家政策を策定する。
第25条（健康）	・すべての障害者に質が高くジェンダーに配慮した保健サービスを確保する。 ・精神保健を一般医療と分離する精神保健福祉法などの制度を廃止する。 ・保健サービスでの点字、手話言語、わかりやすい版等、情報へのアクセスを保障する。 ・質の高い、年齢に適した性と生殖に関する保健サービスと包括的な性教育の実施。 ・保健専門職の研修に、インフォームドコンセントを含む障害の人権モデルを統合する。 ・より多くの支援を必要とする者を含め、障害者への医療費補助制度を確立する。
第26条（リハビリテーション）	・包括的・分野横断的なハビリテーション・リハビリテーションを全国で保障する。 ・人権モデルを考慮したハビリテーション・リハビリテーション計画を普及する。

第27条（労働及び雇用）	・保護作業所から開かれた労働市場への移行を加速させ、同一労働同一賃金を保障する。 ・職場のアクセシビリティを確保し、個別支援と合理的配慮に関する雇用主教育を行う。 ・自治体間および民間分野間の雇用率格差をなくし、積極的格差是正措置を強化する。 ・職場でのパーソナル・アシスタンスの利用を制限する法的規定の撤廃。
第28条（相当な生活水準、社会的保障）	・障害に関連する追加費用を補い、障害者とその家族の相当な生活水準を保障する。 ・市民の平均所得に比べて著しく低い障害年金額を見直す。 ・民間及び公共の住宅のアクセシビリティ基準を定めて実施する。
第29条（政治的・公的活動への参加）	・公職選挙法を改正し、投票手続、設備、選挙情報へのアクセスを改善する。 ・障害者、とくに障害のある女性が政治的活動及び行政機関に参加できるようにする。
第30条（文化、スポーツ等）	・観光地及び娯楽施設のアクセシビリティを確保する努力の強化。 ・テレビ番組、文化的活動をアクセシブルにし、マラケシュ条約実施を強化する。 ・障害者、とくにろう者、難聴者、盲ろう者のスポーツへの参加を確保する。
第31条（統計・資料の収集）	・あらゆる生活分野を対象とした、障害者に関する包括的で分類されたデータの確保。 ・居住型施設及び精神科病院の障害者を、調査対象に含める。
第32条（国際協力）	・障害者団体と協議の下、SDGsの実施及び監視において障害を主流化する。 ・アジア太平洋障害者の十年の実施のための協力を強化する。
第33条（国内実施・監視）	・広範な権限と人的・財政的資源を伴った、パリ原則に沿った国内人権機関を設置する。 ・障害者政策委員会の独立性を強め、委員構成を多様化し、条約監視能力を高める。

（JDF仮訳に基づく佐藤の整理）

法政策の基本となる障害モデルの転換

とくに第1～4条（条約の目的と一般的義務）の総論的事項で、障害（者）にかかわる認識の転換など、障害者政策の基本的枠組みの見直しを求めた。より具体的には3点がある。

① 法政策のモデルとその下での障害者へのアプローチの見直し

まず日本の障害者に関わる法政策が医学モデルに沿っており、このため障害者への父権主義的アプローチが永続していると批判し、法政策の人権モデルへの転換を勧告した（パラグラフ7a、8a）。障害者を尊厳と人権をもつ主体、平等な市民と見るよう求めた。

この背景には、OECD諸国の精神科病床の4割近くを日本が占めているばかりか、そこでの身体拘束が急増していること、障害者差別禁止の法律はできたものの差別を訴える相談・救済機関がないに等しいこと、障害年金の額が著しく低いことなど、条約とかけ離れた実態が委員会に伝わったことがある。

② 障害認定制度の人権モデルへの転換

さらに、法政策の中でもとくに障害認定制度がとりあげられ、機能障害と能力の評価に基づく医学モデルを見直し、すべての障害者（とくに知的、精神、感覚の障害を例示）が必要な支援を受けられるよう、人権モデルに変えることが求められた（パラ7、8）。

JDFのパラレルレポートでは、日本にはニーズがあるのにサービスが受けられない「谷間の障害」という新語があることを紹介し、機能障害の種類や診断名による除外、機能障害の程度による除外の例を示した。これは福祉、雇用、年金のほか運賃割引、税制上の控除、郵便投票などに広がっており、支援ニーズを基本とした認定制度への転換が必要だとしていた。

③ 優生思想と闘うために津久井やまゆり事件を見直すこと

ついで、「2016年に相模原市の津久井やまゆり園で発生した殺傷事件への包括的な対応の欠如」

を懸念し（パラ9b）、「優生思想（優生学と非障害者優先主義）と闘い、そのような考え方を社会に広めた法的責任の追及をめざして、津久井やまゆり園事件を見直すこと。」を勧告した（パラ10b）。

　この事件の裁判は被告の精神状態が罪を問える状態か否かに焦点があてられ、犯行の動機、その形成過程と背景要因などの解明にはほとんど役立たなかった。政府の検討は措置入院後のフォロー体制のありかたに課題を矮小化した。このままでは類似事件がいつどこで起きても不思議ではない。国内では風化しつつあるこの事件から何を学び、再び起こさないためにどう行動するのか、世界が日本に注目していることを知らせる勧告であった。

　この勧告では優生思想を社会に広めた法的責任が強調されている。「社会全体の責任」としてあいまいにしてはならないとの委員会の認識がうかがわれる。勧告にはそれ以上の言及はないが、筆者は、障害者の劣悪な状態と、それを改善しようとしない障害者政策も優生思想の源泉であると思う。多くの障害者の失業・貧困や精神障害者の「社会的入院」や身体拘束の継続・増加に対して、国がこれを放置していれば、あるいは放置しているように見えれば、国民は国会や政府が障害者を本音ではその程度でよい存在と見ていると思う。

精神医療の改革

　精神科医療の改革を5つの条項で勧告し、医療以外の分野でも5つの条項で精神障害者にかかわる政策の改革を勧告するなど、精神障害者関連の勧告が異例に多いものとなった。ここでは前者のみ紹介する。

　まず10条関係で精神科病院の死亡事例の調査をとりあげた。現状の「630調査」では精神科病院の死亡事例について、「退院後転帰」の一つとしてとりあげ、性、年齢、在院機関などとのクロス集計を紹介しているが、総括所見は「原因及び経緯に関して徹底的かつ独立した調査」を求めた。

　ついで14条関係で、精神科病院への非自発的入院と非自発的治療を認める法律の廃止と精神科医療の監視制度の設置が勧告された。日本政府は事前質問事項への回答で、同意のない入院は、精神障害のみを理由にしたものではなく、精神障害のために自傷他害のおそれがある場合であり、条約違反ではないとした（回答のパラ37）。しかし委員会のガイドライン（国連総会への報告・付属資料「14条に関するガイドライン・パラ7」(2017)）では、この点は条約準備過程で十分議論され、最終的に障害単独でも、理由の中の一つでも、障害による自由の剥奪の仕組みを条約違反とした、と説明していた。日本政府は2022年の「建設的対話」では（この点は争わず）、医療保護入院の期間の設定など改善を予定していると回答した。監視については、精神医療審査会が独立的機関として精神障害者の人権に配慮して監視していると回答した。

　第15条関係では、強制的な治療と拘束の廃止およびその監視・救済がとりあげられた。

　第19条関係では、精神科病院の全入院ケースを見直す、としている。2024年度より一部の入院患者に対する「入院者訪問支援事業」が始まった。この拡大・普及とともに権利擁護や独立した監視の仕組みが望まれる。

　第25条関係では、精神科特例の見直しが勧告された。医療法の改正による一定の改善はあるものの基本構造への影響は弱いのが現状である。

　なお、第31条関連では、障害者を含む各種調査が施設入所者や精神科病院入院者を対象にしていないことが問題とされた。この点で政府は調査手法の確立が重要だと答えているが、その開発を進めているのかどうか、これまでの取り組みの成果はどうか、不明である。

　精神科病床の大幅削減に成功している国では、精神保健チームが狭いエリアごとに配置され、症状悪化時にもできるだけ入院を予防する看護付きホステルが用意されているようである。精神医療のモデルチェンジが求められる。

教育・地域生活・労働のインクルージョン

　表1に見るように、「障害者専用の場」の廃止を目指すことが第19条（自立生活と地域社会への包摂）、第24条（教育）、第27条（労働と雇用）で求められた。これには次のような背景が考えられる。

　日本では施設入所や精神科長期入院はほとんど減っていない。精神科医療では、前述のように病床数が異例に多く、非自発的入院が増加し、身体拘束は急増している。教育面では、2021年までの10年間に義務教育段階の子どもが1割減少する中で、特別支援教育を受ける子ども（特別支援学校、特別支援学級、通級による指導の合計）は2倍となっている。労働面では、福祉的就労とよばれる就労継続AとBの利用者の合計は、2011年に13.4万人、16年に26.7万人、21年に36.8万人（各年4月）と、10年間で3倍近くに増えている。こうした事実が政府報告やパラレルレポートで示されていた。

　しかし政府の説明（審査で強調した点）は、障碍福祉サービスの予算をこの15年間で3倍に増やし地域サービスを充実させてきた、連続性のある多様な学びの場の整備を行うとともに、通常学級の教育支援員の増員などに努めている、福祉的就労から一般就労への移行を近年大幅に増やし、雇用差別禁止を法定化した、などであった。

　こうしたことから委員会は「おおむねうまくやれている」との日本政府の認識を転換させる必要性を感じたと思われる。

　しかしこの勧告を専用の場への予算削減に利用すべきでないことは言うまでもない。通常の場が明日からインクルーシブになり喜んで選べるようになるならまだしも、その前に障害福祉サービスを利用しにくくすれば、福祉的就労からテレビ相手の生活への転換や老障介護の限界による無理心中が増えることは、障害者自立支援法制定当時に見たとおりである。専用の場の充実・改善は現に生きている数十万人の障害者のニーズであり、条約が目指す理念に合わないとして犠牲にすることは許されない。

　しかし当然のことながら、条約が示す本道はすべての障害者が参加できるインクルーシブな社会の実現であり、総括所見を歴史的な政策転換の契機として生かすべきである。例えば教育では、画一的な教育課程の見直しや学級定員の縮小、原則として地元の小中学校を就学先とすることなどを含む抜本改革が必要である。雇用分野でも雇用率・納付金制度および差別禁止の2つのアプローチによる企業依存政策から次の段階に移る必要がある。公共調達への障害者雇用実績の組み込み、ジョブコーチ制度の充実を含む多様な支援付き雇用の採用、合理的配慮を含む障害者雇用に関する相談・指導・監視の体制の整備、賃金補填制度の試行などに取り組むべきである。

　　注1）日本への総括所見は、外務省の条約のサイトで英文と仮訳が、日本障害フォーラム（JDF）のサイトで仮訳（外務省仮訳と対比したもの）が紹介されている。国連の委員会のサイトでは各国への総括所見や審査文書が英文で紹介され、それらの一部は日本障害者協議会（JD）のJD仮訳のサイトで仮訳されている。

＊特集

障がいのある方の自立生活を保障する

映画「道草」上映会・トークショーから

末永　弘（自立生活企画・グッドライフ）

岡部耕典（早稲田大学教授）

司会・宮秋道男

2024年10月26日（土）日本社会事業大学「学園祭」にて

宮秋道男（本誌編集代表　以下、宮秋）：本日はありがとうございます。司会・進行役の宮秋です。清瀬・東久留米社会福祉士会の副会長をしています。この映画は、私の住んでいる地元が舞台になっており、コロナ禍の前から、観たかった映画のひとつです。春先に立教大学で上映されたことがきっかけで、地元でも上映会を開きたいということで、関係者の協力をいただいて、今回、日本社会事業大学の学園祭で行うことができました。映画上映会のトークショーということで、この映画のテーマを深掘りできたらと思います。

末永弘（以下末永）：東京・東久留米市では、「自立生活センターグッドライフ」という事業所、西東京市では「自立生活企画」もやっております。映画に出ている方は、当方の事業所を利用されている方がたです。宍戸監督から、このような映画を撮りたい、利用者さんなり介護者を紹介してほしいということで、関わったという形になっています。

　30年以上、こういう事業所での仕事、介護のコーディネーターとして、介護者を派遣して介護調整をしたり、周辺のトラブルに対応したりしています。

岡部耕典（以下、岡部）：映画の中に出ている岡部亮佑の父です。僕もちょっとだけ出演しています。仕事は大学の教員をやっています。一応、社会福祉士で精神保健福祉士の資格ももっていますが、どちらかというと現行の社会福祉士の在り方については、批判的な立場であったりします。

　映画については、実は僕が仕掛け人なんですね。というのは、息子の亮佑は、重度の知的障害をもっていて、2011年から地域で自立生活をしています。すでに10年以上になりますが、僕も仕事の関係で、息子が自立生活をしているということを講演会などで話しても、皆信じてくれないんですよね。重度の知的障害があり自閉症もある人が一人で暮らせるわけがないじゃない、と。しかも僕の息子は、高等養護学校卒業した年、17歳で自立したんですね。半年後に、すぐ家を出て、親から離れて地域で暮らしはじめました。そのことに対して「耐えられるはずがない」と皆言ったわけです。専門家なんかもみんな、そういうことを言うわけですよね。一番信じないのは、実は親だったんですね。

　それで考えて、生活場面を撮ってもらうビデオを作ろうと思って、宍戸さんに頼んだんです

ね。あの映画の元になる15分間くらいの短い映像を作って流しました。効果抜群です。みんな映像をみると、一発で信じるんですよ。それも重度の知的障害を持っている親御さんほど信じるんです。「何あれ、うちの息子じゃん」みたいな「確かに障害が重いよあいつ」みたいな感じでわかるらしいです。これはいいということで考えて、宍戸さんこれは映画にしようよって話をして、この映画ができたという経緯があります。

　この映画をみていただき、こうやって重度の知的障害があっても自立して生活しているということを知ってほしいですね。

◆重度訪問介護事業という制度

宮秋：ありがとうございました。多分障害のある人の支援の風景というか、姿というのを知っている方々からすると、今日の映画は多分ちょっと違ったと思います。いや、まったく違うと。例えばあの、支援者と当事者が同じ部屋で、一緒に布団を並べて寝ている姿が映画にありましたね。あれなんかも普通はないですよ。要するに、常時見守りが必要ということで、やってらっしゃるんでしょうね。いずれにしろ、こういう形で、自立、地域で生活を送るっていう選択肢があり、それが映画の中で丁寧に紹介されています。そして、さらには、支援者また介助者と利用者との関係というか、間合いですね、このあたりもまったく違うような状態が見られたと思います。

　問題は、これって、どうして、可能になっているのかということになんですね。「グッドライフ」とか「自立生活企画」が、重度訪問介護事業という制度を使って、これらの暮らしを実現させているように思っています。そのあたりを聞かせてもらえますか。

末永：私が関わっている事業所は、元々「自立生活センター」といって、身体障がい者の人たちが代表になって、当事者として立ち上げてきた団体です。いま全国には、身体障がい者の自立生活センターはかなりの数できてきていますが、最初から、一人暮らしをして介護者をつけて生活をするというスタイルを作ってきた人たちがいます。その人たちが長い時間をかけて作ってきた制度というのが、今でいうところの重度訪問介護っていう仕組みになっています。この重度訪問介護というのは、分かりやすくいうと、映画で出てきた、あのヘルパーさんたちです。けれども、非常に時間が長くて、単価が安くて、長時間べったりついていられる仕組みとしてつくられてきたものです。

　いわゆる介護保険でいうところの、身体介護とか家事援助とか生活援助というのは、だいたい1回あたり1時間とか2時間の、ピンポイントのヘルパーなんですね。そういうものではちょっと全然対応できないような、いわゆる24時間介護が必要な全身性の障害の人たちが働きかけて、制度が出来て今に至るというのが、重度訪問介護の仕組みです。

　それは要するに、日常生活全般、見守りも含めていつでも介護が必要になる人たちという身体障害の人たちのイメージだったんですが、それを知的障害の人にも広げられないかということを、ずっと考えてきました。たまたま法改正で、10年前、2014年から知的障害の人も使えるようになったというのが、この重度訪問介護という仕組みです。制度化されたことによって、まだまだ圧倒的に少ないのですけれども、この界隈でも一人暮らしをしている知的障害の方が、ポツポツと出現してきています。

　この映画の最後の場面で、ご本人とその親御さんが出てこられていますが、例のやまゆり園事件で重傷を負った方なんですね。その方も、4年前にやまゆり園を退所して、アパートで生活を始めたんですけれども、それも、この重度訪問介護という制度があるからこそ、その施設から退所して、生活を始めることができたことになります。彼の場合は出身の神奈川県の座間市という

ところで、アパートを借りて生活することになりました。もちろん座間市でそれまで、この制度の利用者ゼロで、重度訪問介護の事例は初めてでした。そこで、市の方ともだいぶ話をしましたし、市のケースワーカーの方が、一人暮らしをして介護付きで暮らしている人のところに見にこられて、「確かにこういう形で、一対一で誰かがついている」「必ず介護の人が一人いる。こういう生活だったら、施設を出て暮らせるかもしれないですね」ということを、実際にその生活の場面をみて、ワーカーさんもすごく理解をしてくれて、重度訪問介護の受給ができることになりました。

やまゆり園の職員さんたちも数人見学に来られました。その実際を見てもらうのが大事ということで、実際の生活場面をみてもらうと「確かにこれは非常に手厚い施設みたいなものですね」なんて変なことを言っていました。実際は、日中は、生活介護事業所とかに通所されている方も結構いますので、仮に通所しているとすると、それ以外の時間、土日も含めで夜間で、通所の送り出しまでの全部の時間、残りの600時間ぐらいが、重度訪問介護という制度で、ヘルパーがついて暮らしているという、一週間のイメージになります。

◆アメリカ研修で見たパーソナルアシスタント

<u>宮秋</u>：岡部さん、そんな制度を使って、息子さんを預けてといいますか、利用するにあたっての経緯をお話しくださいますか。

<u>岡部</u>：理論的なことよりも、なぜ僕がこの制度を使えるようになったのかと申しますと、そこが関係していると思うんですよね。実は私、2000年頃から武蔵野市あたりで、ずっと自閉症者たちとか知的障害の権利擁護の活動をしていました。その時の縁で、いろいろな出会いがありました。ある時、自立生活運動の当事者の人たち、車いすの人、知的障害の人たちと一緒に、アメリカに研修に行きました。研修目的は、権利擁護の関係ですが、そこで、知り合った人たちの中で、自立生活運動している人たちが何人もいました。彼ら・彼女らは、普通に参加して来ているのですが、常になんか人がついているんですよ。一緒に車に乗ったりなんかもしているし、常に一緒に動いている。なんかそれらの生活をみて、何なんだろうなと最初思ったんです。それがきっかけでした。

そのころ僕の知っている知的障害というと、そのころうちの息子の将来についても悩んでいましたので、施設に入れるの嫌だなとか、でもグループホームじゃあまり施設と変わらないのではないかなと。そんなところ馴染まなかったらどうするんだ、多分無理とか思っていました。アメリカの研修の際に見たような、誰か人（パーソナルアシスタント）がついていたら、うちの息子も暮らせるよねと思ったのが、それが最初です。

それから重度の身体障がいの人たちと一緒に活動する中で、末永さんのところの、グッドライフとも出会ったんですね。当時、自立生活センターの中でも、身体障害の方をたくさん受け入れていたのですが、それと並ぶくらい知的障害の人も受け入れていたことがわかりました。かつ考え方が、施設を運営してそこに受け入れようということではなく、この人たちとともに、障害の当事者と共に、生きてゆくんだ、そのための手段として、介護の制度があり、支援する人たちもそれで生活できたら一番良いんじゃないという考え方が基本になっていることがわかりました。要は、権利擁護活動をしている中で、出会った方たちだったということですね、ここが一番ですね。

どういうことかというと、将来息子を自立させたいから（その当時11歳ぐらいでした）、ぜひ今のうちから、重度訪問介護の支援をつけて欲しい、ヘルパーをつけて欲しいと言ったわけです。今、家で暮らしているけれども、学校の送り迎えとか、学校から帰ったあとの生活を支援し

て欲しいと言ったわけですよ。だけど、末永さんからは、「うちは親のレスパイトはしませんから」と言われたんですよね。

レスパイトとは、親とか家族で介護が大変なときに、楽にしてあげることですよね。私は「そうじゃありません」と応えました。「親が楽をしたいんじゃありません」と。もちろん、大変でした。重度の自閉症の子どもの親は大変です。でも、それが主目的ではなく、将来自立させたいから、そのためには自立生活運動をしている人たちと同じようにして、「介護をつけて暮らさせたいから、今からそういうことにお互い慣れさせたいからやりたいんだ」と。末永さんは、「そういうことならわかった」ということで始まりました。ですので、いきなり17歳で自立したようにみえるかもしれませんが、11歳のころから準備していたんです。それを目指してずっとやってきたんです。

当時は重度訪問介護というのは、知的障害は使えませんでしたから、移動支援とか介護とかいろいろな制度も使いながらやっていました。市とも交渉して、時間数を増やしていって、最終的に在宅で150時間くらいつかいました。日替わりで介護者が毎日来ていましたから、大体7、8人のヘルパーが関わった上で自立したんですよ。

◆介護者も本人と一緒に移動した

<u>岡部</u>：だから、先ほどその、いきなり家から出て親から離れて、みんなびっくりして「できるわけない」となりましたが、それは理解が違うんですね。確かに住む家は変わりましたが、主たる介護者である親はいなくなりましたが、いままで入っていたヘルパーの人たちは全員一緒に新しい家に行ったんですよね。よその家ではあったが、本人にとっては、人的な環境は実はあまり変わらなかったので、むしろうるさい親がいなくなってよかったかもしれないという感じですよね。もちろん時間数も増えましたし、人も増えました。コアになるメンバーというのは、6，7年〜10年以上のつきあいです。

彼らと一緒だから息子も安心だし、支援者たちも、いきなり来た人を受け入れるとかヘルプするのではなく、ずっと知った人だから、やっぱり息子の事をわかるわけです。彼が何をしたいのか、どういうことをやらかしてしまうのかとか、わかるから、お付き合いできた。だからすぐ自立できたということです。

今は、実家に月1回くらい帰ってきます。その時は映画の中にもあった、やりたい放題で大変なんです。土曜日に実家に帰省して、1泊して日曜日の夕方になると、もう本来の自分の家に帰りたいと相当そわそわしていますね。そういう感じです。実家に帰るのは、羽を伸ばしたいというのと、実家にあるものを持って帰りたいというのもあり、帰るときはリュックサックにいろいろなものを詰め込んで、最後は奪い合いみたいになって大変なんですけれども、彼の息抜きでもあるし、いいんじゃないかなと思っています。普段は、仲間みたいなのと一緒に暮らしているわけだけども、たまに実家に帰って羽を伸ばしたい。普通の学生と同じようなものかなと思っていますね。

親としても、気持ちとしては親というよりはおじいちゃん、おばあちゃんなんですよ。昔は年配の方の思いも「孫は来てよし、帰ってよし」というではないですか。ああいう感じですね。来るとへとへとになって大変なんで帰ってほしいと思うけれども、離れると寂しい。でもまた来ると大変なんですよね。こういうことを思えるのは、支援があるおかげです。

ある意味でいうと、そうやって普通っていうとおかしいけれども、まともな親子関係を取り戻したってことが僕は言えるんじゃないかなと考えています。でなかったら、ずっと実家にいたら、つらいですよこっちだって。「24時間戦えますか？」という昔のコマーシャルではないす

けれども。向こうも多分いろいろありますよ。いくら重度の知的障害があったとしても、親から離れたい、自由にしたいという思いはあるわけだから。そこをやっぱりうまく制度を使って、自立させることができて、本当に良かったなという風に思っています。とりあえずそんなところでしょうか。

◆『ズレている支援』→「ズレている」のが普通

宮秋：岡部さんありがとうございます。今日、お手元に資料をお渡ししています。その資料にもありますように、障害のある方の日常支援というのはいろいろとあって、それぞれが棲み分けをしながら毎日を送っていることを示しています。たぶん、普通の施設は、どんどん飛ばしていますよ。そんな違いも明らかですよね。もう一つ、私も勉強になりましたが、『ズレてる支援！』（末永、岡部ら著、生活書院）という本は、たいへん勉強になりますね。今ほど、岡部さんがおっしゃってましたが、「なぜ」「きっかけはどうだったのか」、あるいは、末永さんが「どんな思いでやったのか」などが全部載っていますので、機会があればぜひ手にとっていただければと思います。

　いずれにしろ、こういうような支援が、24時間365日、寄り添いながら行なわれて、地域で自立生活が送られているということです。世界では、自立生活運動、IL（Indipendent Living）運動ですね。アメリカ発祥で、ようやく日本でも、かなりたいへんご苦労されながら、ボランティアムーブメントという側面もありながら、活動が進められてきているということですね。

　あともうひとつ肝心なのは、支援者と当事者の関係性の問題があるように思います。岡部さんが言われた権利擁護の視点と関わるのですが、あの映画の中でも、「カッー、カッー！」と道行く人に叫んでいた方がいましたけれども、それに対して、「やめろ」とか強制的に口を押さえることなく、ただただ「これから約束守るよね、指切りしようね」などとやりつつも、また「カッー、カッー！」と発する場面が映し出されてました。本人に対しての、支援者の姿勢というか、その関わりがちょっと違うなぁと私は感じました。そのあたりのことで何かありましたら、末永さんお話くださいますか。

末永：はい。あの映画の中でも3人目にでてきたY君は、この撮影をしている当時は、もうかなり日々暴れていましてですね。介護もその当時は、かなり大変だったんですが、まあなんというかな、とにかく長くつきあうことで、割と多くの介護者がなんとかやっているという形になっています。もちろん精神的に耐えられなくなった人たちは外しますけれども、そうではなく、なんとかやってゆけそうな人たちは、3年経って、5年経っていくうちに、なんとかつきあえてゆけるということがありますね。Y君も今は、暴力的ではなくなって、割と外出したりしているみたいなところに来ています。結局、本人を管理しようとしたり、押さえつけてなんとかやってみても、うまくいかないことが多いですね。あの映画に出ている家は借家だったので、近所からの苦情があり、結局、大家さんから追い出されてしまい、今は別な一軒家を買って、そこに住んでいます。近所の方からの苦情も、もうなんというか、いつものこと、そういうものだととらえて、なんとかやっているというイメージです。

　ヘルパーもうちの事業所の場合には、長い人が多くて、10年20年続けている人もいます。職員自身が精神的にまいってしまっている時期もあるんですが、それはそれで、そのヘルパーさんも、また何年か経つと立ち直ってきたりとかがある。そんなこともありながら何とか続けていってる。そんな感じですかね。

宮秋：ありがとうございます。この『ズレてる支援！』（前掲書）のなかにもありましたが、「そもそも、障害のある方と支援者がずれているんだよね」ということが書いてあります。「世

界がずれているのが当たり前である」と。それを「管理したり押さえつけてはいけないね」「あっちゃいけないよ」ということですよね。それがひとつの団体、組織の哲学というか、考え方として底流にあるんでしょうかね。

末永：身体障がい者の自立生活運動というのは、当事者主義、当事者のいうことは絶対ですから、支援者は黙っている、と。そういう世界だったのですが、それはそれでまたなんか違うだろうという感じです。要は当事者の視点を考えるのは当然あるんですけれども、支援者の視点とかみてるものとか視点というのも当然あって、それが別々にある。施設なんかだとどうしても支援している側の視点を中心に生活が組み立てられてゆくという構造になってしまうと思うんですね。けれどもそこをまあとりあえず一緒にいるんだから、お互いの考えとか視点がずれているところを前提に、なんとか一緒にやってゆこうという基本的な立て方があるということだと思います。

◆「支援のズレ」と支援者の「ゆらぎ」

岡部：はい。そうですね。先ほどから「支援のズレ」というのが話題になっていますが、先ほどの打合せで、宮秋さんが「我々の世界では、それをゆらぎというんですよ」とおっしゃっていました。そこが違うな、と感じたのは、「ゆらぎ」というのは、自分の硬い専門性があるということを前提にしているわけであって、息子の介護者たちには硬い専門性はないですよね、そういう意識がない。そういうアイデンティティはない。常に一緒につきあってくれる仲間ですよね。責任はもちろんあるわけですけれども。専門性を基に誰かを支援するという立ち位置ではないというかな。そもそも普通の人間関係みたいに、当然ズレはあるわけで、でもそれは当たり前ですよね。人と人なんだから。そこにどう取り組んでいくかという話しであって。

それに対して、ゆらぎというと、何かゆらいでいると、元に戻さないといけないとか、本来ある姿に押し戻すという圧力を与えることになるので、そこが違うんじゃないかなと僕は思いました。少し離れた話題かもしれないが、映画の中でですね、介護の人たちは、ひどい恰好をしていますよね。僕的には個人的に好きなんですが、映画を上映して、僕も呼ばれたりすると、「面白い映画ですね、でもあの人たちなんですか？」「こわそうですね、なんで裸なんですか」とかと言われてしまうんですよね。だけれどもあの人たちはこれで良いんですよ。恰好がどうこうじゃなくて、息子の友達だし仲間だし。介護している責任はあること、支援者は、主たる対象者は本人だということは、叩き込まれているわけですよね。自分たちが主体ではなく、介護されている人が主体なんだということは叩き込まれている。

うちの息子なんかも同じように、息子が主人だよね、それを介護しているのは支援者だよね、というのが心底わかっている。その意味では専門性という立ち位置とは違う関わりをしている。時々名前を呼び捨てにすることもあるわけです。でも良いんじゃないかな。もし施設に入って、息子を呼び捨てにしたら許さないですよ。だけれども、彼らの関係性だと良いんですよ。それから何もしていないように見えるんですけれども、障害がない普通の人の日常生活も、何か目的のために生きているわけではないでしょう？　当たり前の生活を当たり前に過ごすことが目的なんだから。何もやることがないときには、ブラブラしたり、自分がやりたいことがあるときには、一緒にやろうって言ってやったりとか。良いではないですか別に、と僕は思いますけれどもね。

宮秋：ありがとうございました。僕がいう「ゆらぎ」というのは、社会福祉士の中の「ゆらぎの勧め」をいっているのです。社会福祉は実践の学問だったので、もともとは「俺のふりみて実践をおまえやれよ」というような感じだったと思うんですよね。それが言語化されて、学問となりました。たとえば、バイスティックの7原則というふうに、言語化されて、ある種、そのセオリ

一通りにやると利用者さんとの関係が築けることもあり、さらには変わることもあります。それで支援者は自信をもってしまうことがある。「俺は絶対正しい」となっては本来いけないということを言いたかったのです。だから、「ゆらがないといけないよ」というのが、ゆらぎの勧めなんです。日本社会事業大学に以前いらした、尾崎新先生、その後立教大学へ移られましたが、著書『「ゆらぐ」ことのできる力』という本があり、「支援者は固定観念で支援してはいけないよ、ゆらがないといけないよ」ということを主張されている本で、その意味での「ゆらぎ」でしたので、先生が理解された「ゆらぎ」と ちょっとニュアンスが違っていましたね。だけど、言わんとするところには共通点があるように思います。

(文責 編集部)

映画「道草」について　監督・撮影・編集：宍戸大裕

ストーリー

暮らしの場所を限られてきた人たちがいる。

自閉症と重度の知的障害があり、自傷・他害といった行動障害がある人。

世間との間に線を引かれ、囲いの内へと隔てられた。そんな世界の閉塞を、軽やかなステップが突き破る。

東京の街角で、介護者付きのひとり暮らしを送る人たち。

タンポポの綿毛をとばし ブランコに揺られ、季節を闊歩する。介護者とのせめぎ合いはユーモラスで、時にシリアスだ。

叫び、振り下ろされる拳に伝え難い思いがにじむ。関わることはしんどい。けど、関わらなくなることで私たちは縮む。

だから人はまた、人に近づいていく。

映画『道草』公式サイトより

---

*特集

精神科病院の入院や退院支援について
今、私が思うこと、課題に感じていること

高野通尚（にいざ生活支援センター）

◇利用者と日々向き合い奮闘している毎日

皆様初めまして、私はにいざ生活支援センターの高野といいます。にいざ生活支援センターは、埼玉県新座市にある施設で地域活動支援センターⅠ型事業として主に精神障がいの方の日中活動の場の提供をやっています。併せて相談支援事業として基幹相談支援センター、指定特定相談支援事業、指定一般相談支援事業をやっております。また単身生活者の日常生活の支援として自立生活援助事業もやっております。

私自身は県外の生活支援センターで1年、県外の精神科病院で2年半、そして現在の職場で14年近く勤務をしています。社会人になってからは常に精神保健福祉に携わる現場で勤務をしてきました。様々な悩みや困りごとを抱える利用者と日々向き合わさせて頂き、奮闘している毎日です。精神保健福祉に携わる仕事をする中で本人の希望や願い、そして本人の権利を大事にしながら支援

対応するように心掛けています。

そんな日常の中で特に精神科病院における退院支援について力を入れてきました。各自治体に自立支援協議会が設置されていると思いますが、新座市では自立支援協議会の下部組織として地域移行・定着支援部会という専門部会があります。令和元年の8月より活動を開始し、目的は「新座市における精神障害者にも対応した地域包括ケアシステムの構築」と「新座市に住まいがあり、現在精神科病院で長期入院となっている方の退院支援を行う」という2つの大きな目標に対して活動を行っています。

令和4年6月には地域移行・定着支援部会に連動する形で退院支援を実際に行う『「地元で暮らそう」を支えるチーム新座』という退院支援プロジェクトチームを設立しました。メンバーは当施設と新座市障がい者福祉課、朝霞保健所で構成され、実際に入院している患者さんにチームのメンバーで会いにいったり、具体的な退院に向けた支援会議等に参加をしたりしています。精神障害者にも対応した地域包括ケアシステムは現在、各自治体で話題になってるとも思いますが、こちらの事も話すと盛りだくさんになってしまうので今回は割愛させて頂きます。

◇滝山病院だけが特別ではないということ

前置きが長くなりましたが、この場では精神科病院の入院や退院支援について今、私が思う事や課題に感じている事を話していければと思います。

私が業務する中で精神科病院に入院している方に関わる事はしばしばあり、訪れた精神科病院もかなりの数になります。精神科病院の特徴として病院によって病院の方針、治療内容、接遇、入院環境、入院期間、退院に関する考え方等、と挙げだすときりがないですが、これらの事が病院によって大きく異なります。

R5年2月に東京都八王子市にある滝山病院(現在は希望の丘八王子病院)という精神科病院が患者に対する暴行で逮捕されたという事件は精神保健福祉に携わる方だけでなく多くの方にとってショッキングなニュースだったかと思います。NHKでは「ルポ　死亡退院　精神医療・闇の実態」というタイトルでR5年2月にTVで放映され、今年には「死亡退院　さらなる闇」というタイトルでR6年6月にもTV放送されました。そして先日12月14日に「死亡退院　精神医療・闇の記録」がTV放映されました。一連の放映は繋がっており、ちょっとしたシリーズ化となっています。

患者をめぐる行政の現実、家族の本音、滝山病院の不可解な実態等に対して内部資料や関係者の証言等も取り上げられました。この3回の放映を私も覚悟をして拝見しましたが、自分の想像以上の実態に絶句しました。怒鳴りつける看護師、怯えながら許しを請う患者に対し平然と暴力が振るわれる映像を観て、胸が苦しくなると同時に激しい怒りの感情が湧いた事をよく覚えています。実際にTVで観られた方はかなりの衝撃だったのではないかと思います。現在、有料での配信しかありませんが、関心がある方は是非、視聴して頂ければと思います。

滝山病院に関する問題も個人的にはたくさん思う事がありますが、今回お伝えしたい事は滝山病院のみが特別ではなく類似、あるいは今後そのような病院になりえる精神科病院は世の中に多々残っているということです。

そのような病院の特徴として

1、古い精神科病院(環境も含めて)

2、慢性期病棟を有しており、長期入院患者が多く、退院は死亡退院が多い。

3、身体合併症等があり、介助・介護度が高い患者が多く入院している。

4、コメディカルの立場が弱く、医師の権力が強い。

5、入退院の調整を行う相談員・精神保健福祉士の人数が少ない。

　これらはあくまで個人的な見解にはなりますが、おおよそ合っているのではないかと思っています。

　このような特徴の精神科病院は基本的に退院支援に消極的な病院が多く、入院期間が長い事が当たり前であったりします。長期入院の何が問題なのか？と思う方もいらっしゃるかもしれません。大前提として自分自身がどこかの病院に１ヶ月入院をする事を想像してみてください。束縛された環境下で快適な生活ができますか？個室でなければ部屋では複数の方が入院しているので他人にも気遣わなければいけません。私だったら数日だって苦痛です。一般科で治療や手術の目的のために入院をする事はあると思いますが、治療を終えたら退院をしますよね。多くの人は入院をして治療を終えたら退院をしたいのではないでしょうか？治療を終えても様々な理由から退院が進まない、いわゆる社会的入院患者が多いという課題をこの国は抱えていると思います。

　ある精神科病院長（私の中で一番信頼している病院ですが）は病院は生活の場ではないという事と、入れた側にも責任がある。入院させた病院側がきちんと退院さなければという事を言っていました。その発言に深く共感しましたし、全ての精神科病院にきちんと考えて欲しいと思いました。

◇大きな社会問題としての医療の現実

　ではなぜ、退院させない・できない精神科病院があるのでしょうか？理由は様々あると思います。精神的・身体的に症状が重い方、帰る家・退院する場所がない方、家族が入院継続を懇願している方、色々あると思いますが、病院側の大きな問題として病床が一つ減ってしまう＝病院の収益が減るという事実です。日本の精神科病院はほとんどが民間の病院なので病床が確保できない事は病院の収益面に直結する問題となります。

　実際、10年以上前ですが私が働いていた精神科病院では収益のために病床の確保が最優先である事を毎日のように言われ、退院を考える際には必ず、次の入院患者の確保をしなければいけませんでした。その病院では認知症病棟こそ入退院の動きはありましたが、慢性期の病棟では入退院の動きはほとんどなく、退院も死亡退院が多かったです。

　現在、精神科病院に入院をすると多くの病院は３ヶ月の入院期間を一つの目安にします。これは入院期間が３ヶ月を過ぎてしまうと診療報酬が下がってしまう事が挙げられるかと思います。実際に急性期医療を終え、３ヶ月以内に地域に退院する方も多くいます。さらには昔と比べるとよりよい効果が期待できる薬ができている事から、病院で入院していなくても外来治療で体調や生活が維持できている方も増えています。国としても入院が長期化しないよう早期退院を目指すよう謳ってきているので、入院が必要な患者総数は減ってきていると思います。

　この１０〜２０年で急性期医療に特化し、急性期の病棟で短期間の入院で病床を回転させる病院。環境面・建物の古さや劣化から病棟の改修工事をして患者から選ばれやすい病院に作り替えてきた病院や病床数を減らした病院。このような病院は時代の流れに沿い、病院の経営が維持できるような改善等を考えてきた病院ではないかと考えられます。

　ではこういった改善策をやらなかった・できなかった、あるいは昔のままの維持をした病院はどうでしょう。急性期医療に特化していない慢性期病棟を主軸としている病院は病床の確保が難しくなってきていると思います。加えて環境面が古い病棟（古い精神科病院は本当に古く、病棟の臭いもきつい）のままだと入院を希望している方もわざわざ悪い環境にある病院に入院したい人はいないですよね。それ以外で何か特徴・特色がある病院ならまだいいと思いますが、このような病院は入院の依頼も少なく、ベッドコントロールに苦労している相談員や医療連携室の方も多いのではないでしょうか。

そして病院の生き残りを考えたときに退院を積極的に考えずに患者を抱え込んでしまう長期入院にも発展している実態があると思います。他にも身体合併症があり、身体状況が悪い方を受け入れ病床確保している病院も多いと思います。悲しい事に精神科の既往や病名がついているだけで一般科の病院の受け入れは現在もとても悪いです。これも大きな社会問題だと思っています。行き先がないという理由から最後の砦としてそういった患者を受ける、受けてくれないと困るという社会的な需要があります。病院側も受けなければ病床の確保ができないという理由から双方の利害が一致してしまい、滝山病院のような事例に繋がるのではないかと思います。

そして、そういった状況の精神科病院がまだ多くあると私は思います。精神科病院は多くが単科の病院です。単科の病院は内科・外科等の専門的な治療がほとんどできないと思います。滝山病院は透析治療ができる精神科という事でしたが、ＴＶでの実態を見る限り極めて悪質な治療・看護を提供していたと言えると思います。実際、身体面での適切な治療がされないまま亡くなってしまう事例は他の病院でも起こっていると思います。行き場所がないからという理由に身体状況が悪い患者を受け入れて、そこで死ぬのもやむなしと考える病院。受け入れ先がないからと劣悪な精神科病院に入院調整をする行政や地域の支援者、精神科の患者というだけで入院を断る一般科病院。これら全てはこの国の闇が深い大きな社会問題だと思います。この流れに本人の希望や願い、権利は少しでも尊重されているでしょうか。諸外国と比べ精神科病床の数、在院日数がずば抜けて高い日本の精神科医療の問題が見えてきませんか？

◇精神科病院に憤りを感じた私の体験

ここまでいろんな話をしてきましたが、ここで私が精神科病院に憤りを感じた体験を話したいと思います。自宅で安定した生活を送っていた40代男性の方が、調子が悪いという事から初めて通院先のＡ精神科病院に入院をしました。

20代で統合失調症の発症でしたがこれまでに精神科病院に入院するような事はありませんでした。入院前にお会いした時には自分の調子があまり良くないと言っていましたが、会話や疎通はきちんとできていました。入院した報告を聞いて、入院するまでの状態には思わなかったですが、本人は地域での生活も長く、安定していた方なのですぐに退院するだろうと、この時私はまだ楽観的でした。入院して1〜2ヶ月経ってから本人が病棟から電話をしてきました。これまで私が対話してきていた本人とはまるで別人で呂律が回らなく、妄想的な言動が多く、会話がままならない状態でした。

すぐにＡ病院の相談員に問い合わせると入院してから症状が安定せず、薬剤調整を行っているとの事でした。その時点で明らかに入院前より悪化していると感じましたが、本人の様子が気になったため面会を申し入れました。しかし、ちょうどコロナ禍になった最初の年だったので感染予防対策を理由に面会を断られました。コロナ禍の影響で入院患者への面会に対しては未だに神経質な病院もあると思いますが、このＡ病院に関しては他の精神科病院と比較しても感染予防対策を徹底していました。もちろん病院側として感染拡大・クラスターとなるのは絶対に避けなければならないのもわかりますが、他の病院は様々な対策や条件の上でなんとか面会をさせてもらえました。

しかし、何度お願いしても面会はできず、更には本人の病状が不安定で隔離室を出たり入ったりの状況が続いているという事で、世間の感染予防対策が緩和されても病状を理由に面会する事はできませんでした。本人の体調は改善されない状況が続く中、本人から電話がたまにありましたが、次第にその電話もなくなっていきました。入院しているのに本人の体調が改善しない事、全く退院の目処が立たない事、面会を全くさせてもらえない事に強い疑念がありながらも次第に私もＡ病院への訴えかけが減っていきました。もどかしい状況が続き、気付けば4年半もの月日が経っていました。

ある日、B精神科病院にとある事業の打ち合わせを行っていたところ、医者から○○さんという人の退院支援に関わって欲しいという発言があり耳を疑いました。A病院に入院している本人の名前だったのです。1ヶ月前に転院してきたという事でした。A病院に再三に渡って訴えかけていたのに転院の事すら報告がない事にとてもショックを受けたと同時にA病院に対する怒りの感情が湧きました。B病院には長く私が関わっている事も情報提供されておらず、地域の福祉をあまりに軽視しているのではと感じました。

　B病院では転院してきた時よりかなり状態が改善してきたということから、ぜひ本人に会って今後の事を相談していきたいという事だったので、B病院に転院して1ヶ月半程で本人と面会する事ができました。4年半振りに本人と対面し、本人は当時と比べるとかなり痩せ細っていました。「お久しぶりです、高野です。私の事を覚えていますか？」と本人に問いかけるとうつむきながら少し間があった後、申し訳なさそうに「ごめんねぇ」と言いました。かなり考えた後、思い出せなかったのでしょう。私は胸がぎゅっと締め付けられる気持ちになったのをとても深く覚えています。

　本人は4年半もの月日を病院で生活していること、自分が入院前にどのような生活をしていたかも、大事にしていたペットが亡くなった思い出も、全て覚えていませんでした。入院前とは完全に別人です。

　帰りの車で本人との面会を思い出すと、自然と涙がこぼれました。本人の4年半の入院は一体何だったのか？ 治療のためA病院に入院したのに、入院前よりも明らかに具合が悪くなって、なぜこんなにも長期間、A病院で入院していなければならなかったのか、A病院では治療が困難であり、他院への転院の判断はもっと早くできなかったのか？考えなかったのか？本人の大事な4年半どころか大切な記憶や思い出まで失われるくらいの事が起こっており、激しい怒りを感じると共に自身の無力さ、もっと何かできたのではと、とても後悔をし、病院からの帰路がとてもつらかったです。

　しかし、B病院への転院は幸運でした。先ほどお話した私が1番頼りにしている病院で退院支援や退院後の生活をきちんと考えてくれる病院です。B病院で最初に面会した時よりも本人の体調はどんどん良くなっていき、話し合いを重ねていきました。自宅に外出をしたりする事で少しずつではありますが昔の事も思い出せてきた様子でした。家族が高齢だったこともあり自宅へ戻るのは難しかった事から自宅に近いグループホームに退院をしました。B病院に入院をしてちょうど半年が経った時で最初にA病院に入院してから丸5年が経過していました。あまりに長い時間だったと思いますが、そのままA病院に入院していたらと思うとぞっとします。面会もできぬままどれだけ入院する事になっていたのでしょう。同じ精神科病院でここまで差があるのです。

◇一人の人間として向き合い続けていく

　私は長期入院をされている方は適切な支援が入れば地域に退院ができる方が数多くいると思っています。(中には病状的に困難な方もいますが)今も入院している状況に苦しんでいる人がたくさんいます。私としては滝山病院やA病院のような患者の想いに寄り添えなく、適切と言えない入院医療を実施している病院を社会からなくしていきたいと考えています。

　しかし、私個人の力は非常に微々たるものです。まずは精神科病院における問題をたくさんの人に知ってほしいと思います。このような場で自分が感じている問題を話し、少しでも多くの人に現状が伝わっていけば幸いです。そして一人の精神保健福祉士として、社会の中で生きる一人の人間として、この問題に向き合い続けていければと思っています。

＊特集

知的障害者の「意思決定の支援」と成年後見制度
―― 親の立場から

早稲田大学　岡部　耕典

◇「意思決定の支援」と成年後見制度

　障害者権利条約第12条は、その第2項において、障害の種別・程度によって制限を設けることなく、すべての障害当事者が障害のない者と同様の法的能力を有することを認めている。従って法的能力に代理権を付与する成年後見制度は条約違反であり、それに代わるものとして続く第3項において法的能力の行使に当たって必要とする支援を提供することで本人が法的能力を行使できるようにする「支援付き意思決定(supported decision making)」への転換をすべての条約締結国に求めている。また第4項では、現実的には成年後見制度の完全な廃止までにはそれなりの期間がかかるであろうことを想定し、それまでのあいだ、その濫用防止(safeguards)に務めるべしと釘をさしている。

　第4項で具体的に例示されている締結国の責務は「障害のある人の権利、意思及び選好を尊重すること」、「利益相反を生じさせず、及び不当な影響を生じさせないこと」、「障害のある人の状況に対応し、かつ、適合すること、可能な限り最も短い期間に適用されること」、「権限のある、独立の、かつ、公平な当局又は司法機関による定期的な審査の対象となること」である。

　障害者基本法第23条には国や地方公共団体の責務として相談業務の従事者や成年後見人が「意思決定の支援」に配慮しつつ職務を行う義務が記載されているが、この条文が上記のように成年後見制度を段階的に「支援付き意思決定」に置き換えることを求める障害者権利条約の批准を前提とした改正によって創設されたものであることを踏まえれば、成年後見人が「意思決定の支援」を行うということは付与された代理権は、「障害のある人の権利、意思及び選好を尊重」し、「障害のある人の状況に対応する」ことを大前提として行使されるべきものと解される。しかし、現実には「財産の保護」を理由に被後見人が望む生活に対して必要な消費を不当に制限する成年後見人が多い。また、このような成年後見の「濫用」を防止する役目を担う「権限のある、独立の、かつ、公平な当局又は司法機関」であるはずの家庭裁判所がむしろこのような財産管理の在り方を後見人に対して求め、「可能な限り最も短い期間に適用される」べき後見類型の柔軟な変更や廃止を認めない。それにもかかわらず、国や地方公共団体は現行の成年後見制度の運用が障害者権利条約が禁止する不当な権利制限を行っていることに目をつぶり、「濫用防止」ではなく「利用促進」に努めているという現状がある。

全国手をつなぐ育成会連合会が実施したアンケートから

　日本の成年後見制度はもともと2000年の介護保険制度開始に向けて認知症高齢者に対する福祉サービスの利用契約を担保し、さらにその財産を、親族を含む第三者から守ることを主な目的として作られたという歴史的経緯がある。従って、その基本設計において、知的障害者の親が子に財産を残し、それを積極的に活用した「親亡きあと」を託すことは想定されていない。それゆえ、後見人への代理権付与で本人の財産権が実質的に剥奪されてしまうという根本的な問題を抜きにしても、「親亡きあと」も我が子を施設ではなく地域で暮らす／させたい重度知的障害者の親の立場からすると、きわめて使い勝手の悪いしくみである。

全国手をつなぐ育成会連合会が2021年3月から5月にかけて実施した成年後見制度に関するアンケート調査［(一社) 全国手をつなぐ育成会連合会権利擁護センター「成年後見制度に関するアンケート調査」http://zen-iku.jp/wp-content/uploads/2021/08/2108seinenkanq.pdf］から、知的障害者の家族（親）の成年後見制度に対する認識を確認しておこう。

○成年後見制度の存在については約8割の人が知っていると回答しているが、実際に後見制度を使っている人は1割程度にすぎない。

○後見制度を使っている人の後見人等の属性は、約7割が親族（親）で専門職は14%、法人後見は7%である。

○後見等の類型では86%が後見で、補佐が9%、補助は2%。

○使っている／いないに関わらず、後見制度で問題と感じる点は「申し立てしたら取り下げられない／後見利用を途中でやめられない」が1位（約50%）で「財産管理だけで身上保護をしてもらえない」「福祉と連携していない」「報酬が高い」が続く。

○後見制度を使っていない理由は「親が元気だから」が1位（約65%）で「契約や年金管理が親でもできているから」「きょうだいがいるから」「制度について良くない評判を聞くから」「報酬が払えるか心配だから」が続く。

○後見等報酬については「1万円以下」が1位（36%）で「2万円以下」と合わせて過半数となっており、公費負担を求める意見が多数ある。

　報告書からは、制度の周知不足で利用を控えているわけではなく、一度使うと戻れず後見人等の変更もできず、財産管理に重きが置かれて身上監護が不十分な割に報酬が高いという具体的な課題が見えているために利用していない、という姿が浮かび上がってくる。
　［以上の調査結果の分析は、(一社) 全国手をつなぐ育成会連合会事務局長又村あおい氏による「成年後見制度における主な課題」を参考にしてまとめている。］

◇成年後見制度の問題点

　重度の知的障害者の親の立場から見た制度や運用の問題点は主として以下の4点にまとめることができる。

　問題点①　制度の硬直性：後見人は裁判所が決定し、申立て人は、後見人を推薦することはできても指定することはできない。また、いったん後見を開始したら中止や類型変更は困難である。第三者の後見人が決まったら、親は本人の通帳を見る権利もないし、自分が残した財産であってもどう使ってほしいか指定することもできない。

　問題点②　費用の問題：後見人に対する報酬は裁判所が決めるが、基本報酬が月額2万円、成年後見人が管理する財産額が1,000万円を超える場合は3万円、5,000万円以上であれば5〜6万円程度が審判で決定されることが多い。また親族が無償で後見を行う場合でも被後見人本人が一定の財産がある場合は有償の後見監督人が付きその費用も掛かる。

　問題点③　身上監護の問題：後見業務の中心は財産管理である。なかには熱心に身上監護を行っている後見人もいるが、裁判所は形式的に月1回程度の面談（電話でも可）を求めるだけで、報酬額を決定する際にも身上監護はあまり評価されない。

問題点④ 財産活用の問題：裁判所が後見人に求めるのは財産の"管理"であって"活用"ではない。財産の総額を減っていくような収支計画や多額の支出は裁判所から問題視されることが多いので、第三者の後見人や後見監督人は「（自分の報酬差し引き後の）財産を減らさない」ことを基本方針とする管理になりがちである。

◇親は困っている

通所施設やグループホームなどの施設の利用契約等の際にその必要があると言われ、親自身が後見人になれば費用は掛からないと思って親族後見を申し立てたとする。しかし、最近は本人が一定程度の額の本人名義の貯金をもっていると──多くの場合、それは親や祖父母が長いあいだかけて贈与したものなのだが──裁判所は本人の財産保護という理由で第三者の後見人を選任するか後見監督人をつけてしまう場合が多い。そうなると本人負担で最低でも月々２万円の報酬費用が掛かり、しかも通帳の保管と入出金の代理権は第三者後見人が持っているので親はそこからのお金の出し入れどころか、通帳を見ることすらできなくなる。驚いて成年後見を取り消そうと思っても後の祭りである。

従って多くの親が考えるべきことは、「できるだけ成年後見制度を使わない（申し立てをしない）」ための準備であり手立てである。具体的にはサービス利用契約には親が付き添って本人に自署させるかそれも難しければ代筆する。本人が未成年のうちに本人名義の通帳キャッシュカード、印鑑登録証やマイナンバーカードの作成をしておく。そうすれば、不動産取引や定期預金の解約、携帯電話の加入等についても本人に親が付き添うことでなんとかなる場合が多い。少なくとも親が健在であり同居していなくても同じ地域で暮らしている場合は、成年後見制度を使わなくても本人の日常生活とお金の管理はそこそこ廻すことができるのである。

では成年後見制度を使わなければよいのか。しかし、重度の知的障害者はなかなかそうはいかない。まず、相続の問題がある。特に不動産を残す場合は厄介である。ここで多くの場合後見人が選任されてしまう。続いて相続後の金銭利用支援と財産管理の問題がある。きょうだいや残された親族が後見人となった場合、身上監護や日々の金銭利用の支援をできるとは限らないし、利益相反もある［ 親亡き後親族の意向で本人や地域の支援者が望まない施設入所を強いられることがよくある。］。では第三者後見人か。成年後見制度は本人の財産を守るしくみだという。しかし、仮に1,000万円を相続したとしても、「親亡きあと」に月３万円の後見報酬を支払い続けるだけで33年間でゼロになってしまう計算である。それではなんのための制度なのか、誰のために財産を残すのかわからなくなってしまう、というのが偽らざる親の気持ちではないだろうか。

このように現行の成年後見制度とその運用は多くの知的障害者にとって百害あって一益なしといわざるを得ない。しかし、少なくとも日常生活に常時支援が必要な重度知的障害者の「親亡きあと」には金銭利用と財産管理の支援は必要であり、そしてそれは障害者権利条約第12条において「法的能力の行使に当たって必要とする支援」として定められた締結国の責務であることも最後に確認しておきたい。

【参考引用文献】

岡部 耕典(2016)「成年後見制度の利用縮小に向けて ―パーソナルアシスタンスと日常生活支援事業の活用」『季刊福祉労働152号』（現代書館）

岡部 耕典(2022)「成年後見制度に代わるしくみはあるのか ―親の立場から考える―」『発達障害者白書2023』明石書店

*特集

多様性を認め合う社会に

阪本美知子（保育士・社会福祉士・奈良市議会議員）

　日本は女性差別撤廃条約を1985年に批准したが、国連の女性差別撤廃委員会は条約の締結国に対して履行状況を審査しており、日本政府にはこれまで4回の勧告が出されてきた。

　8年ぶりとなる10月29日に出された今回の勧告のポイントは、①選択的夫婦別姓の導入、②女性の政治参加を加速するため国政選挙供託金300万円の減額、③人工妊娠中絶で配偶者の同意を求める規定を撤廃すること、④男系男子のみに皇位継承を認める皇室典範の規定を改正する、などが重点項目であった。

（1）勧告の主なポイント

A）選択的夫婦別姓

　夫婦同姓を義務付ける国は世界で日本だけであり、明治31年に明治民法が成立するまでは夫婦別姓であった。法務省の諮問機関である法制審議会が選択的夫婦別姓を導入する民法改正の答申を出してから28年も経過する。これまで夫婦同姓の強制は違憲ではないかと、何度も裁判で争われてきたが、司法の判断は「違憲ではない」として、選択的夫婦別姓の導入は立法府である国会の判断に任せられた。女性差別撤廃委員会は、時間がかかり過ぎていると、導入を求める4度目の勧告を出したが、同じ課題で4度も勧告が出されるとは、全く恥ずかしい限りである。選択的夫婦別姓について賛成する国民が7割にのぼる世論調査もあり、自民党だけがいつまでも「家族の絆がこわれる」と導入を阻んでいる場合ではない。選択的夫婦別姓が実現したからといって社会は今までと何も変わらない。ただ、幸せになる人が増えるだけだ。選択肢のある社会は多様性を認め合える社会に続いていく。

B）選挙の供託金

　選挙の供託金は特に国政選挙がいちばん高額で、衆議院選挙・参議院選挙とも選挙区で300万円、比例区に重複立候補する場合はさらに300万円が必要になる。衆議院選挙の場合、得票数が有効投票数全体の10％を超えた場合は供託金が戻ってくるが、一時的にせよ300万円を準備できる人しか立候補できない仕組み。これが女性の立候補しにくい状況を生み出していると国連女性差別撤廃委員会は指摘している。世界を見渡すと、選挙に立候補するとき供託金を必要としない国もあれば、あっても低額の国が多く、日本は目立って高い。立候補の際に供託金を課すことは、立候補の自由を侵害し、政治参加に壁をつくっているとして、供託金制度は違憲ではないかと裁判も起こされてきた。複数の外国で供託金制度は違憲であるという判決が出ている。2000年以降、フランスでは供託金制度が廃止され、韓国では供託金の金額が減額された。また、2017年にはカナダでも廃止された。それに引き換え日本では、供託金は憲法44条「「国会議員の資格は人種、信条、性別、社会的身分、門地（出身地）、教育、財産又は収入によって差別してはならない」と定められていることに反していないかと裁判も起こされたが、違憲判断はされていない。

C）人工妊娠中絶の配偶者同意

日本では人工妊娠中絶の際に女性本人だけでなく「配偶者」の同意が必要である。未婚・既婚を問わず、また性暴力（強制性交）による妊娠でさえ、母体保護法を理由に配偶者や相手の男性の同意が手術要件になっている。同意がとれなかったため中絶できる時期を過ぎてしまう場合もある。妊娠や出産によって女性の人生は大きく左右されるのに。いつどのように生むかは女性の「性と生殖に関する権利」として自己決定権が尊重されるべきである。そのような観点から、中絶における配偶者同意は撤廃すべきと勧告では指摘された。

世界203か国のうち、人工妊娠中絶にあたって配偶者の同意を法的に規定している国・地域は日本を含む、台湾、インドネシア、トルコ、サウジアラビア、シリア、イエメン、クウェート、モロッコ、アラブ首長国連邦、赤道ギニア共和国の11か国・地域のみである。

D）男系男子のみに皇位継承を認める皇室典範

天皇という皇位を誰が継ぐかについて皇室典範は男系男子のみに認めている。現天皇の継承1位は秋篠宮、2位は悠仁、3位は常陸宮ということになるらしい。国連の女性差別撤廃委員会がこの規定は女性差別であるから撤廃せよという勧告をしたことに対して、内政干渉だと国内から反発する向きもある。しかし、天皇制の存続自体を問題にしているのではなく、ジェンダー平等の観点からいって、女系男子も女性天皇も認めないのは明らかに女性差別である。共同通信の調査では（2019年）女性天皇に賛成は82％、女系天皇に賛成は70％で、多くの国民は容認しているといえる。天皇制が政治の中心であった戦前と違って、戦後、平和憲法のもとで民主主義の国になっても天皇制は存続した。それでいいのかということも含め、今の時代に合わせた皇室のあり方について国会で議論をしていくことが必要である。

（2）男だから　女だから

女性差別撤廃条約は、ジェンダー平等のバイブルと言われ、あらゆる場での女性差別をなくそうとしてきた。「夫は外で働き、妻は家庭を守るべきである」という性別役割分担意識は今や大きく変化して、そうではないと思う人が男女とも過半数を超えるようになったが、まだまだ根深いものがある。

私の母は今グループホームに入っていて、月に1～2回、淡路まで顔を見に出かける。すると施設の職員から「やっぱり子どもをもつなら娘だね」「女の子はいいね」という声をかけられる。親の介護をするのは女、という刷り込みがぽろ

っとこんな形で出てくるときに、社会のジェンダー意識を感じる。もう一人の職員は「うちは息子だし心配だ」という。介護は男だってできないことではない。何事も個人の資質によることであり、男だから、女だからということではないはずだ。

　保育園で保育士をしていた時に、こども用トイレのスリッパは水色とピンクだった。それに履き替えてトイレにいくのだが、水色スリッパがないからと、間に合わなかった男の子がいた。子どもたちはこんな小さい時から、男色、女色を内面化していることに驚く。

　市議会議員になったとき、毎日夕方の4時半ごろになると女性職員が議員控室のポットやごみ箱を片付けに来てくれた。「どうして女性ばかり？ 男女混ぜて当番制でやればいいのに」と進言し、男性職員も交代で片づけをするようになった。今はというと、議員各自が自分でごみ箱を片付けている（やれる人だけですが）。自分のことは自分で、に進化した。

　男だから、女だからの価値観は普段の生活の中で、家族から、メディアから、毎日シャワーのように浴びている。誰しもその影響を受けているが、社会的に作られた性差＝ジェンダーは、社会的に作られた故に変えていくことができる。

（3）103万円の壁

　衆議院選挙の公約にあがっていた103万円の壁問題。これもジェンダーにかかわることである。1980年代までは男性片働きが圧倒的に多く、夫一人が大黒柱で、妻は専業主婦。妻が働いたとしてもその労働は家計補助として扱われ、だから安くていいとなっていた。女性の非正規労働はこうして始まったといえる。さらに女性を非正規労働に縛り付ける税制・社会保障制度が何重にもあり、その一つが税制の「103万円の壁」で、夫の扶養、親の扶養に入っている主婦や学生が自分で所得税を払う必要がある年収の入り口である。配偶者控除、扶養控除がはずれると所得者本人の税金が高くなるため、それを越えないよう11月、12月に仕事を控える人が出てくる。そのほかにも、社会保険料を自分で払うようになる106万円の壁、公的年金制度の第3号被保険者であるための130万円の壁など、女性に家庭責任を押し付け、非正規労働に縛り付けている元凶であるといえる。

（4）大事な違和感、声をあげる

　以前に「メディアとジェンダー」と題する講演を聞いたとき、講師は「〇〇ガール」「〇〇女子」「イケメン」などの言葉を何気なく使っているけれど、どうなの？と問題を投げかけた。またノーベル賞の受賞者の妻にメディアが「内助の功」を聞こうとすることもあるね、と。あとの意見交換では、「さむらいジャパン」や「なでしこジャパン」などのことばに、もやもやするという意見が出された。「女子力」をあげる人もいた。総じてこれらは女らしさ、男らしさのステレオタイプから派生しており、女性は力が弱い、男性は力が強い、女性はおしとやか、男性は荒っぽい、女性は男性を支えるもの、女性は料理が得意等々、性別で固定的に捉えることから始まっている。それに対して、「何かおかしい」と思う違和感を大事にして、気づいたことから声をあげていくことが大事だと指摘された。

　いま、「アンコンシャスバイアス（無意識の偏見）」ということが取り上げられていて、表に出ていない思い込みや偏見を問い直すことが重要になっている。離婚調停を行う調停委員も、性暴力被害にかかわる警察官や裁判官も、そしてすべての「人にかかわる仕事」をしている人たちがこれまでの経験や知識、価値観からくる偏った判断をしていないか、自分のアンコンシャスバイアスに気づいて仕事をしてほしいと思う。

後見人等が行なう意思決定支援について

四天王寺大学 笠原幸子

1．現状の課題とその原因

　現在、地域共生社会の実現を目指し、意思決定支援を含めた本人の権利擁護支援の充実に向けた施策が進められています。

　2022年、国連障害者権利委員会は、批准国である日本への総括所見において、成年後見制度を含む代行決定制度を廃止するため、特に民法の改正を求め、かつ、どのような障害のある人も取り残さない形での意思決定支援の仕組みを確立するように勧告しました。

　しかし、意思決定支援は、支援者の価値観に基づく支援が、多く行われている現状にあることも事実です。本人中心の支援をすると頭では分かっても実際の支援の場では、支援者の価値観に基づいた支援になってしまう傾向があります。

　その原因として、自分の専門分野のことについて、本人より知っているという自信があるので、本人が採るべき方法や本人の希望していることの欠点などがよく分かるため、助言、誘導、説得をしてしまったり、意思決定支援に関する具体的な振り返りが不十分であったりすることが推測されます。助言、誘導、説得を回避する手立てとして、意思決定支援に対する支援者の意識改革と、支援のあり方について振り返りながら身につけることが必要といえます。

　そこで、意思決定支援研究会で作成した「意思決定支援チェックリスト」をご紹介したいと思います。「意思決定支援チェックリスト」を利用していただいた支援者等からは、以下のようなコメントをいただいております。

　①自分でやってみて、自分の深堀ができる。
　②自分だけだと限界があるので(自己完結してしまう)、他者のコメントをもらいながらリストを使うともっといろんな視点で自分の理解が進む。
　③他者と共有する場合、できてない自分をさらけ出すことになる。
　④自分の弱い点が事前にわかっているので、指摘も受け入れやすい。
　⑤何回もした方が良い。去年と今年では、本人も支援者も変化する。

　なお、本稿は、『社会福祉学』に掲載された「成年後見活動における意思決定支援の構造とその展開過程—社会福祉士、弁護士、司法書士に対する質的調査より」を基に作成した「意思決定支援チェックリスト」を紹介するものです。

2．意思決定支援研究会で作成した「意思決定支援チェックリスト」について

　「意思決定支援チェックリスト」の説明の前に、本稿での意思決定支援とは、「特定の行為に関して判断能力が不十分な人に対して、後見人等を含めた本人に関わる支援者らがチームを組んで、本人の意思の形成支援、表明支援、実現支援をし、現状における本人の最適解を本人と一緒に模索する活動」とさせていただきます。「意思決定支援チェックリスト」の作成にあたっては、現在後

見事務をしている社会福祉士(7名)、弁護士(9名)、司法書士(2名)後見人等のインタビュー調査の協力を得ました。

(1)「意思決定支援チェックリスト」の全体像

意思決定支援の構造と展開過程の全体像を示すと図1のようになりました。意思決定支援の前提条件、意思決定支援の展開過程、チーム支援の3つのブロックに区分されました。これらは【意思決定支援の前提条件】、【意思を形成するための支援】、【意思を表明するための支援】、【意思を実現するための支援】、【チーム支援】という5つのコア・カテゴリーに分かれます。意思決定支援の展開過程はチェックリストの中軸であるため中心に配置しました。そして、【意思決定支援の前提条件】と【チーム支援】は、意思決定支援の展開過程を支えるものであるため上方と下方に挟むように配置しました。

(2)【意思決定支援の前提条件】

【意思決定支援の前提条件】は意思決定支援を行う後見人等に属する条件です。就任した後見人等は、本人に関する情報量は少なく本人との関係性も築けていません。このような状況にある後見人等は、他者からの情報だけではなく後見人等自身が本人との交流を通して「そこにこだわっていたんだ～」と[こだわりのポイント]に気づき、こだわりが強いという本人の特性を理解していました。また、将来の見通しを立てることが難しいので[目の前の事象で判断]したり、[本人なりの理由によるお金の使い方]でお金をどんどん使ったり、[独特のプライド]があったり、日常的に自分で決める経験が乏しいことから、家族や支援者等に影響される場面等、本人の[自律性の程度]を理解していました。一方、「お母さんのしていた事（カップ麺にお湯を注ぐ等）をするようになった。この人できるんだなぁ～」という語りのように、[本人の強み]も発見し、《後見人等の立場から本人を理解する》ことに努めていました。

このように後見人等ができる範囲で意識的に本人を理解しようとする背後には、「〇もなきゃ×もないという感じぐらいのイメージでやれば、いいのかな」という語りのように[柔軟に思考(する)]したり、「通帳を預かってしまうので盗られた感覚があるかもしれません」というように[本人の思いを想像(する)]したり、「そうだよねって聞いてあげて、もっと丁寧に確認して了解を取るべきだった」という語りのように、[自らの意思決定支援の振り返り]がありました。このような《後見人等に求められる基本的姿勢》が確認されました。

一方、支援者が本人の意思を十分に尊重していないのではないかと後見人等が思った場合、「ご本人の気持ちはこうですって、一石投じるのが仕事です」という語りのように、[本人の意思を代弁(する)]していました。支援者の立場では難しいと思うことでも提案しやすい立場でした。また、支援者は所属組織の決定によって担当を交代することもありますが、本人の[財布の管理]をしている後見人等は、多くの場合選任されるとその職務は本人が死亡するまで長期間になります。長期に及ぶ本人との関係で「本人の意思に沿いたいとは思っていますが、悩みながら迷いながらです」という語りのように、[意思決定支援に対するゆらぎと付き合(う)]いながら、「個人の尊厳という抽象的な概念を意思決定支援の活動を通して具現化できる」という語りのように、[意思決定支援の浸透を肯定する]という《後見人等の強み》も確認されました。

(3)意思決定支援の展開過程

意思決定支援の展開過程は、【意思を形成するための支援】から【意思を表明するための支援】、そして【意思を実現するための支援】へと本人の意思決定を過程として支援するのですが、時には【意思を実現するための支援】から【意思を形成するための支援】に戻ったり、【意思を形成するための支援】と【意思を表明するための支援】、【意思を表明するための支援】と【意思を実現するための支援】を行ったり来たりすることがあります。

【意思を形成するための支援】では、本人の特性を踏まえつつ、後見人等は本人との《関係づくり》を大切にしていました。[受任初期の配慮]をしつつ「施設の行事の時に面会すると、何となく親族の代わりだなというのをイメージしてくれた」という語りのように、[関係づくりの好機を捉え(る)]ていました。また、「年数かければ何とかなるなというのがだんだん分かってきたので、あんまり焦らずに」という語りのように関係づくりは[年単位で取り組(む)]んでいました。《情報提供の工夫》では、「お話しできないので絵カード作りました」という語りのように[わかりやすい道具や手段]を考え、「伴走者という立ち位置で情報を出して、整理を手伝っています」という語りのように、本人視点の[情報の整理と選択肢の提示]をし、「こちらの情報提供の仕方とかアプローチの仕方を変えれば本人の判断も変わってくる」可能性があるため、「こういうのを選ぶと、こういう結果が待ってるかも」という語りのように[比較のポイントや重要なポイントを示(す)]し、「外出許可をもらって施設に行って見てきました」という語りのように[疑似体験]をしていました。

また、本人の意思を形成するためには、「こうしようじゃなくて、どうしようから始める」という語りのように[ゼロベースで対応する]こと、「本当の本人の意思というものを確定するまでには、やっぱりそれ相応の期間をかけていいと思う」という語りのように[意思形成を待つ]ということ、「有意なお話ができなくても、ただ行って、一緒にテレビ見てたりとかでもいい」という語りのように[共にいる]を大切にしていました。このような態度は支援していないように見えるのですが、本人と後見人等間に関係性の手応えを伴う《何もしていないように見える支援》と分析しました。

【意思を表明するための支援】では、「『はい・いいえ』ボードを作りました」という語りのように、本人が[表明しやすい方法を考え(る)]たり、「しゃべる量の指標があるんですよ、本人が8割で私は2割」という語りのように、[会話の主導権は本人]であり、「上手に意思を引き出す相槌をうてるかが、私にとって大切」という語りのように、[意思の表明を促(す)]したりして《表明しやすい環境の整備》に努めていました。また、《本人なりの意思表明を尊重する》ために、「本人がもう明らかに地団駄踏んで嫌がっているんで」という語りのように[言葉以外の意思表明を注視(する)]したり、本人が表明した場合[否定しないで受け留め(る)]ていた。同時に、「帰りたいという意図は、一体何のか。施設のAさんが嫌いなのかもしれないし、職員が嫌いなのかもしれないし、隣の人が嫌いなだけかもしれない」という語りのように、[表明した意思の内容を分析（する）]して、「本人の意思が何なのかっていう判断する時間的猶予はあると思う」という語りのように、[表明した意思の確定を待(つ)]って《急がずに本人の意思を吟味(する)》していました。このように表明された本人の意思を丁寧に吟味しつつ、時間をおいて場面を変えて[何度も確認]したり、介護支援専門員や相談支援専門員等と一緒に[複数で確認]したり、《慎重な確認作業》をしていました。

【意思を実現するための支援】では、確認を繰り返して、本人と後見人等の理解に齟齬がないか留意しながら、「やってみて失敗したら、やめたらいい」という語りのように、後見人等は本人の[失敗を否定しない]で、「失敗したら、またそれも一つ経験になる」と考えて[実行することの効用]に着目していました。「財産は減ってきているので、裁判所に申請（自宅の売却）してもいいかなと思いますが、悩みますが、無理に説得とかはしないで待っています」という語りのように、[見守りながら待つ]ことを大切にし、《本人の意向を尊重(する)》していました。また、「不動産屋さんから地域情報を聞きました」とう語りのように、[社会資源の活用]もして、《チームで実行を支援(する)》し、[見守り体制の整備]をしていました。さらには、「危ない雰囲気が見てとれたら、先手を打っていく」というように[見通しを立てる]こと、「本人のモニタリングというか、様子をよく見ていくということが重要だと思います」という語りのように[実行後のモニタリング]や[本人の納得]を大切にして《実行した意思の安定のための支援》をしていました。

(4)【チーム支援】

【チーム支援】は、意思決定支援過程を活性化し推進させるためのものです。後見人等が就任す

る前から本人には複数の支援者がいる場合が多いため、後見人等は支援者らへ接触し支援会議等に参加することが求められています。しかし、「自分が（支援者らとの接触を）もうちょっと求めていけばいいのかもしれないんですけれども…」という語りがあるように、《チーム支援に対する後見人等の本音》では、[支援者との接触の難しさ]を感じている場合が多いようです。支援者の輪に参加できたとしても、「立場が違えば、見方が違う」ため、[チーム運営の難しさ]もあります。また、「本人の支援に、ややこしい家族や親族がくっついてくる」ことも多いのですが、「本人の情緒を安定させるため、病気になったとき医療同意してもらうために、バッサリ切るのはやめた方が良い」と考え、チームメンバーである[家族・親族との程よい距離感]を見極めていました。

　このようにチームに参加することの難しさはあるのですが、「モニタリング会議とか、担当者会議は（本人の）面会等に合わせるようにしている」等、後見人等は[支援者の輪に参加する工夫]をしていました。そして、接触できた支援者らに対して、「分からないことは、いろんな方に聞いてまわるしかない」ので[相談する・聞いてまわる]を続けていると、支援者の輪の中で「本人が望んでいるなら、ちょっとやってみようかは（財産管理している後見人なら）言いやすいです」という語りのように、[支援者を巻き込（む）]んで [切磋琢磨]し、《支援者と支え合う》構図が形成されていました。その結果、[支援者への感謝]の気持ちが芽生え、チーム内の[後見人の役割の明確化]が進み、後見人等が[一人で背負い込まな（い）]くなっていました。関係者が集まって本人も参加して、そこで出できた答えが本人の意思だと理解していました。後見人等が支援者チームと接触することに高いハードルが存在していましたが、そのハードルを越え、輪の中に入ることよって、結果的には[チーム支援の相乗効果]が生まれ、後見人等は《チーム支援の真骨頂》を実感できていました。【チーム支援】では、原則《チーム支援に対する後見人等の本音》から《支援者と支え合う》《チーム支援の真骨頂》へ移行するようですが、「現場の方から声がかかったら行くようにしている」という語りのように、カテゴリー間を行きつ戻りつしていました。

3. 得られる効果

★被後見人等との関係性の構築において、「専門職的関係性の構築」から「共にいる関係性の構築」の具体的方法に関する気づきを促すかもしれない。
★支援者は、「こうした方がいいのに…」「それだと困ったことになるのに…」という考えから解放される一助になるかもしれない。
★意思決定支援に対する支援者の意識改革の契機になるかもしれない。

4.「意思決定支援チェックリスト」のコンセプト

★「意思決定支援」に関心があるけど、具体的なイメージや内容がわかりにくいなぁ～と思っている成年後見人等や支援者に利用していただきたいツールです。
★このチェックリストの「意思決定支援」は代理代行決定と区別しています。
★「意思決定支援力」は、ご本人の個別の能力と支援者の支援力の総体と考えています。
★「意思決定支援」は「決める」ことがゴールでなく、ご本人をエンパワメントすること、そして、支援者をエンパワメントすることを目指しています。

5.「意思決定支援チェックリスト」の利用方法

★「意思決定支援のチェックリスト」は、できないことがあっても良いと考えています。チームで

話し合うきっかけになれば幸いです。

★「意思決定支援のチェックリスト」は、支援者とチームで支援することが大切だと考えています。チームメンバーは一人ひとり独自の立場に立って、ゆるやかなまとまりが形成されたら良いなぁ〜と考えています。情報共有のツールを目指しています。

★「意思決定支援のチェックリスト」は、意思決定支援において、こういう風にすると良いかも、と気づきを促すリストです。

★チェックリストは、後見人等の意思決定支援の振り返りにも利用することができます。

参考文献
1.「意思決定支援することになったら読む本」大阪弁護士会 高齢者・障害者総合支援センター「ひまわり」2021.
2.笠原幸子・鵜浦直子「成年後見活動における意思決定支援の構造とその展開過程 ―社会福祉士，弁護士，司法書士に対する質的調査より ―」社会福祉学62巻2号,14－27,2024.
3.笠原幸子「ソーシャルワーカーのための実践チェックリスト：意思決定能力が低下した人の支援」地域ケアリング2025年4月号.

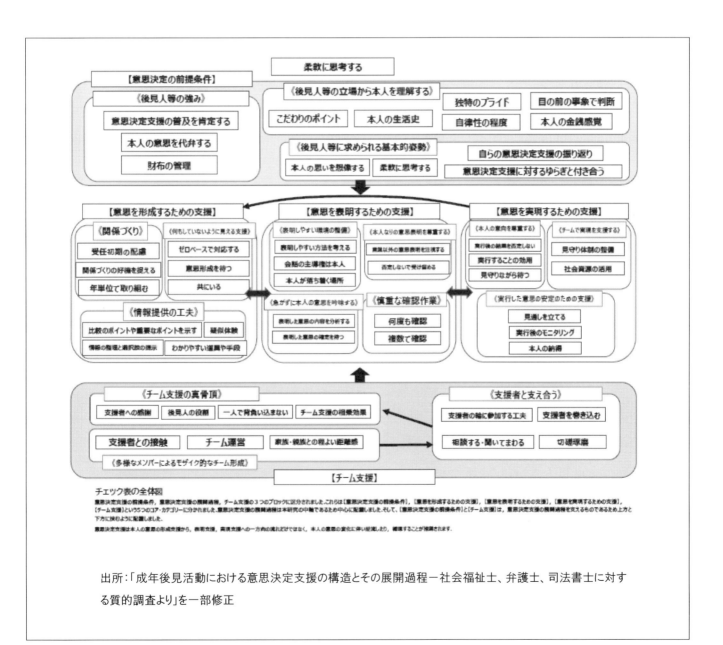

出所：「成年後見活動における意思決定支援の構造とその展開過程－社会福祉士、弁護士、司法書士に対する質的調査より」を一部修正

事務所を訪ねて

ささえるさんの家となみ

住所：富山県砺波市新富町2-41
Mail：yukowashi@gmail.com

精神保健福祉士／臨床美術士：鷲北裕子

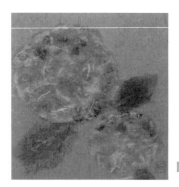

『和紙で作るあじさい画』（鷲北作）

ソーシャルワーカーが担う臨床美術士の可能性

※**臨床美術（クリニカルアート）**とは、絵やオブジェなどの作品をつくることによって脳を活性化させ認知症の症状を改善するために開発されました。作品をつくる際には、独自のアートプログラムに沿って、単に「見る」だけでなく、触ったり、匂いを嗅いだり、味わったり、音楽を聴いたりしながら手を動かすことで、全身の感覚を刺激します。作品作りに、上手い下手は関係ありません。「臨床美術士」とのコミュニケーションの中で「褒められる」「共感を得る」ことの喜びを感じながら、自由に前向きに取り組むことが大切です。≪五感への刺激≫と≪リラックスできるコミュニケーション≫によって、「脳」が活性化。感性の目覚めや回復、心が解放されることはもちろん、生きる意欲や潜在能力を引き出すことにも効果があると言われています。

（TOPPAN芸造研パンフレットより引用）
https://www.zoukei.co.jp/

友達がプレゼントしてくれた手彫りの看板の前の母娘

　「ささえるさんの家となみ」は、住宅街のすっと入った路地裏にあり、地域の憩いの居場所として存在しています。
　そこは、鋸（のこぎり）屋さんをしていた店舗兼実家をリノベーションした古民家です。
　道路側の戸は全面ガラス張りで、灯りがついていれば、気軽に「何やっとるがけ？」と戸を開けて、入っていけそうな場です。「住み慣れた町で心豊かに暮らす」をモットーに掲げているその居

場所は、本当に温かい空気が漂っています。

　そこの主、鷲北裕子さんは、地元の単科の精神科病院に35年間勤務しています。その日々の中で、自分の経験だけで患者さんに対応していてもよいのかと一念発起して、日本福祉大学通信部に入学しました。私の人生でこれほど頑張ったことはない！これを乗り超えたのだから、もう怖いものはない！と、今の自分を支えてくれる体験だったとのことです。医療モデルから福祉モデルにシフトチェンジした経験だったと。病気とつくからには、治療はもちろん大事ですが、地域に出るとその人なりの生活が重要。生活をささえる、地域をささえる、そんな思いで、いつか居場所をつくりたいと心に秘め、2015年には精神保健福祉士の資格を取得、その後、臨床美術士の資格も取得されました。

「ささえるさんの家となみ」での臨床美術の様子

　臨床美術のセッションは、月に数回は、「ささえるさんの家となみ」にて実施、依頼に応じて、施設の入所者様や病院の患者会などで実施するなど、病院勤務の傍ら、ご自身のお休みなどに精力的に活動されています。

　その他、毎月1回は、音楽療法士、薬剤師、保健師、歯科衛生士、看護師などの専門職で構成された「ささえる街の保健室」を開催しています。臨床美術体験とともに、地域の方に、健康に関するお話や、音楽療法などを楽しんでいただく企画もしています。

　鷲北さんが臨床美術に出会ったのは、2015年に自らの病気を体験した頃に、知り合いの臨床美術士さんに、体験会に誘われたことがきっかけだそうです。お母様と参加されて、臨床美術アートプログラム『和紙を使ったあじさい画』を楽しまれました。実際やってみると、いろいろなことを忘れ、しがらみも忘れ、心が解放されたとのことでした。子どもの頃、先生に言われるままに写生し、ほめられる絵を描くということが辛くてたまらなく、それが、臨床美術に出会い、こんなに自由に制作するプログラムがあるのだと感動されたとのことです。

　「ささえるさんの家となみ」を立ち上げたきっかけは、社会福祉協議会から各町内でサロンを立ち上げたら補助金がもらえると聞いた民生委員の方から、「鷲北さん、何か楽しいことしてくれんかね」と相談されたことからです。実家の5軒隣が公民館で、そこで当初、恩師に臨床美術をやっていただいていたのですが、公民館が耐震構造の工事で、しばらく閉鎖となり、それなら実家をリノベーションしようと思い立ち、そこに臨床美術の拠点を移動されました。クラウドファンディングでも応援をいただき、2019年12月15日に「ささえるさんの家となみ」がオープンしました。

サ高住でのセッションの様子

　鷲北さんは、精神科病院に勤務する中で、患者さんは、「自己肯定感」が低い方が多く、彼らは今まで自分が認められるようなことがあまりなくてこれまで来たのだなと思うことがあるそうです。臨床美術を通し

て、ワクワクする瞬間を提供したい、少しでも楽しい時間をと思うようになったとのこと。いろいろな機能が低下してきた方々を少しでも有意義なものに変えられる時間を月1回でも2回でもあればと。認知症で、その日何をしたのかを忘れても、作品は残る、そこにその人の想いや何かが残ればいいのではと思うようになったと。

　臨床美術アートプログラムで『花火のガラス絵（塩ビ板仕様）』を楽しまれた時のこと、お母様が弟の話をしだしたそうです。ご自身にとっては叔父にあたる、母の弟が亡くなるときに、「もっと花火をしたかった」と初めて話されたとのことです。

　また、親友の認知症のお母さんが、臨床美術アートプログラム『雪化粧する樹木』を体験してもらったところ、「桜の木の下でスキーをしたのよ」と、昔の思い出をとうとうと語られ、友人はこんな母をしばらくは見ていないと驚かれたとのことで、記憶を呼び起こす臨床美術の可能性に驚かれたそうです。

　精神疾患の方の中には、内に感情をためている方も多く、言葉にできないそういう想いがこもっているし、ある日その想いが爆発する時もある、病気の正しい知識を理解し、それをアートケアにつなげられる。福祉職はそんな強みを持っていると考えます。その可能性は医療にも福祉にもつながっていない方々にとって、少しでもお役にたつのではないかと考えます。今後の展望は、人の中に出たくない方には、マンツーマンで、ソーシャルワーカー（精神保健福祉士）のマインドを持った臨床美術士として、関わることができるのではないかと語られていました。

＜取材を終えて＞

　今回、鷲北さんのお話を伺い、ソーシャルワーカーが担う臨床美術士の可能性は無限に広がっていると感じることができました。

　制度や医療だけではなんともならないご本人たち当事者の心のもどかしさを、臨床美術に取り組む間が楽しいひとときとなり、少しでも心が解放されたら、素晴らしいのではないかと考えさせられました。

　私も、長野県飯田市で、令和6年3月から社会福祉士事務所に併設して臨床美術のアートスタジオを南信で初めての臨床美術の拠点として立ち上げ、臨床美術士として活動を開始しました。私も、鷲北さんのように、住み慣れた地域で心豊かに暮らす日々を提供できるソーシャルワーカーマインドを持った臨床美術士として活動していきたいと思いました。

北陸銀行砺波支店での展示会

| 臨床美術とは：彫刻家　金子健二が中心となって開発したプログラムです。 |

1996年に医師、美術家、ファミリーケア・アドバイザーがチームとなって実践研究をスタートさせました。医療・美術・福祉の壁を越えたアプローチが特徴の臨床美術は、介護予防事業など認知症の予防、発達が気になる子どもへのケア、小学校の特別授業、社会人向けのメンタルヘルスケアなど多方面で取り入れられ、いきいきと人生を送りたいと願うすべての人へ希望をもたらしています。

「日本臨床美術協会ホームページ」https://arttherapy.gr.jp/ より引用。

| 臨床美術の実際：臨床美術アートプログラム『りんごの量感画』アートスタジオあかね雲にて |

導入において、「りんごの唄」をみんなで歌います。

目の前のりんごを眺めたり、香りをかいでみたり、触ってみたり、食べてみたり、持ってみたり、コンコンと叩いてみて響きを聞いたりと、五感（視覚、臭覚、触覚、味覚、聴覚）を研ぎ澄まします。そのために、導入では、臨床美術士による独自の創意工夫がなされます。そこから、りんごを中身からだんだんと成長するように描いていって、皮をかぶせてといった順に、描き上げていく。仕立てで、紙に描いたりんごを切り抜き、画面上に端材とともに構成して完成といったプロセスをたどります。

臨床美術をやる上でのルールがあります。①ちがうと言わない。②うまいと言わない。③手伝わない。④急がせない。⑤止めない。の５点です。臨床美術の目的は、作品を完成させることや写実的にきれいに描くことではありません。創作活動そのものを楽しんでいただきながら、脳を活性化させることを大切にしています。

TOPPAN芸造研「いろは帳」より引用。

| 鑑賞会では、褒められる、共感を得ることの喜びを感じられます。 |

■書評■

ジュディス・L・ハーマン　中井久夫・訳（みすず書房）
「心的外傷と回復」

　この本を読み出すきっかけは、2023年年明けのNHKEテレ「100分でフェミニズム」を観たことから、です。

　ずいぶん前に買っていたものの、その大きさに読み出すタイミングつかめていなかった私。番組では5人の女性がそれぞれにとっての大事な一冊、紹介していました。その中で、沖縄で未成年女性の調査研究に携わり、若年女性の出産と子育て支援の場作りを実践されている上間陽子さんが選んだのが、この一冊でした。

　この中には、いわゆるPTSDというものが認知され治療されるべきものとなる過程、その歴史に始まり、それがどのように起き、そしてどう回復の道を辿るのか、実に細やかに記されています。

　翻訳は中井久夫さん。阪神淡路大震災後そのケアに奔走していた頃、この本の翻訳を進めておられたのとのこと。あまりにもありありとした苦しみの実情が書かれた項もあり、筆を置くともう一度筆を取るのが物憂くなることもあったと後書きに書かれています。

　PTSDという現象理解のスタートは、19世紀末、フロイトも登場します。ヒステリーとして研究が始まったこの奥に分け入っていったフロイト。そこには家庭における激しい暴力があったことを知るにつけ、これに手をつけることが示す恐ろしさに気づき、それ以上研究するのをやめてしまいます。フロイトによるこの研究は進むことなく、戦争における兵士たちのPTSDの発見まで、こうした現象についての認知は先へと伸ばされることになりました。

　フロイトがどうしてその先に進めなかったのか？フロイトが関わった女性たちの多くは、まさにフロイトがサロンで語り合っているような社会的に栄誉ある存在である男性たちの妻。高貴な立場にいる男性たち、まさにその本人が加害者であることを明らかにすることは、フロイト本人の出世をも阻むものだったから、なのだそうです。

　上間さんも番組の中でがっかりと話しておられたけれど、研究の発達の有無にも、こんな人間社会の有り様がどうしようもなく反映されるんだなあ、と感じました。

　その後、戦争における兵士やアウシュビッツ体験者などを経て、子どもたちへの虐待や女性たちへの暴力によるPTSDが発見されていきます。

　後半には回復過程が詳細に記されています。

　回復過程のスタートは、安全。本人がありありとその感覚をつかんでいくために、自分自身が無力ではない、と感じる機会が必要であること。そのために、決して支援者が決めないこと、どんな小さなことでも本人の意思決定を尊重すること、繰り返しいろんな書き方で書かれています。何度もうなずきながら読んだ部分です。

　提案やアドバイスは、暗に「あなたには決める力がない」を示すことにつながるのだと。ああ本当にそうだな。そんな風に、本人に出来るはずない、私が決めてあげなくちゃ、という目でみたりしていたこと、自分にも覚えのあることではないか。まず、自分に出来ることがある、という有力感（エンパワメント）を、その人の中に作るということ、それがあるからこそ、とってもしんどい、起きたことを想起しもう一度葬りなおす、という治療過程に入っていけるんだなと、つくづく実感しました。

　本の最後「外傷の弁償法は続いている」の項。著者は、本人と回復を共にすることは、時に社会の有り様と対峙することでもあり、自身はそ

れに取り組む、と宣言しています。専門性に閉じず、社会の中で専門性を生かす、という視点に大きな励ましを受けました。

　私自身は、セラピストではなく、地域の福祉サービスの場で、必ずしも専門職の資格を持っているわけではない人たちと一緒に、来られる方々と対しています。その中での実践にもつながることを教わった一冊です。専門的なセラピーとしての原理を学ぶとともに、誰もが取り入れられるケアとして必要なことについても重要な視点を与えてくれる一冊だと思います。

【評者・時田】

いちむらみさこ著　（創元社）

「ホームレスでいること」

　ホームレスと聞くと、私たちはほとんど同時に支援対象としてイメージしてしまわないだろうか。コロナが猖獗（しょうけつ）を極めた頃、職を失い、そのことにより家賃が払えないとか、働いていることが条件で部屋を借りている人たちが次々に住まいを失い路上に放り出されたことは、いまだ記憶に新しい。

　そのなかに女性もいた。男ならまだしも女性が野宿する、ということは危険でもあり聞くに堪えなかった。そこで評者の所属する清瀬・東久留米社会福祉士会ではシェルターを開設、住まいを失いそうな人に短期間利用してもらい、その間に安定した住まいを確保することを手伝った。それは大いに役に立ち利用した方たちは住まいを確保して去っていった。

　本書を紐とく前はホームレスになった人たちは、様々な不幸なことや思わぬことに巻き込まれて不本意ながら住まいを失った人々だと思ってきた。

　ところが著者は「わたしにとっては、ホームレスでいることがホームのようなこと」という。しかたなくホームレスになっているのではないのである。「しかたなくというのはむしろ前の暮らし方が当てはまる言葉だ」とも。前の暮らし＝働いて、アパートなどに住居に住まい「便利だったが、その暮らしを維持することは簡単なことではなかったし、他に何かもっと豊かな暮らし方があるのではないかと感じていたのだ」そうである。確かに誰もがもっと豊かな暮らしがあるのではないかと思うことも多いはず。会社なり、役所なり、一定の団体に所属していると人間関係に悩まされることは多いし、やりたくないこともしなければならない時もある。辞めたい、辞めたいと思いながら働いている人も多い。過剰な労働でうつ病を患い死に至ることも珍しくない。家に帰っても家族とのトラブルやご近所との関係で心を痛めることもある。とかくこの世はすみにくい、のも事実である。もっと自由で気楽な暮らしがないかと、誰もが一度や二度は考える。しかし、だからといって河川敷や公園などのブルーシートで囲んだ住まいに移ろうとまでは考えないのが多数派。

　その社会のシステム、働く、家族を持つ、近所と付き合うなどのことに耐えきれない、社会のがんじがらめの仕組みに耐えきれないでがんじがらめから逃れてそれがないところに住んでいる人たちが選んだ暮らしがいわゆるホームレスのようである。

　社会の仕組みから逃れると言っても、自然の

中で採取経済のような暮らしをすることはできない。社会と非社会の接点のところで、「自分自身として生きていくために路上や公園に自ら寝場所をつくり、生活を営んでいる。その営みは悪でも恥でもない」と著者は言い切る。

彼らが求めるものは多くはない。社会とは関係をもちたくないのでいわゆる働くことをしないかほとんどしない（著者は落ち枝で作った箸を売ったりしている）で、その日の食べるものを確保し、空いた時間には同じホームレスの人同士でお茶会をしておしゃべりをして過ごしていく時間を楽しむ。明らかに普通の生活ではない。しかし、普通という基準は根拠がない。その人が普通と思っているものが普通にすぎない。だから普通ではないとその人が思っていることが普通ではないことになる。普通であろうがなかろうがとくに迷惑をかけるわけでもないホームレスの生活は「豊か」なのである。

だからかもしれない「自分の中のホームレスなことが、一時的な衝動ではなく、何か大事なものを求める気持ちだと分かったとき、それは自由につながるかもしれない」と著者はいうのである。

しかし、時にホームレスは社会から追い回される。住んでいた公園から追い出されることもある。パリではオリンピックのために街中のホームレスがバスに乗せられて追い出されたという。いつも呑気でいられるわけではない。

この書評を書いている今日は寒い。11月半ばの季節らしい気温である。机の下の電気ストーブで足元は暖かく、父親のおさがりカシミヤのカーディガンも暖かい。評者も気ままな自由はほしいが、今の季節にブルーシートのテントで暮らすことは忍び難い。不自由だが仕事の予定やボランティア活動の予定に縛られている方が安心でいられる。家族も捨てがたい。要するに凡人である。

全米図書賞を受賞した柳美里の「ＪＲ上野駅公園口」の老人も、ホームレスを脱して孫の世話で何不自由ない生活をしていたかと思ったら、ある日ＪＲ上野公園口の公園でのホームレスに戻っていった。その本を読んだ時には、いまさらホームレスにならなくても、と驚いたがそれこそが彼の求める生活だったのだ。生き方にもいろいろあるだろう。その一つにホームレスがあることを本書は説いている。本書は少なくともホームレス中には私たちの支援を必要としていない人もいることを教えてくれる興味深い内容である。

著者は最後に言う。「生きることの中で価値を決めるのは自分でありたい」と。これには大賛成である。

最後に、この原稿を書いていてフランス映画の「かくも長き不在」の主人公もホームレスだったことをふと思い出しました。彼は（多分）レジスタンスの闘士だったがナチスの拷問で記憶を失っていた。自分の過去が戻りそうになると失踪していった。

【評者・武田嘉郎】

新科学出版社の本

セカンドチャンス！編　…………当事者の声を聴こう…………

あの頃、ボクらは少年院にいた

セカンドチャンス！16人のストーリー　1500円+税

まっとうに生きたい。
そのために何度でも立ち上がる。
当事者の思いにあなたは何を感じますか。

セカンドチャンス！

人生が変わった少年院出院者たち　1500円+税

日本で初めて生まれた非行当事者たちの団体。その思いと願いが、今、社会を動かしている。

新科学出版社　新宿区百人町1-17-14 コーポババ21　メール　sinkagaku@vega.ocn.ne.jp

編集後記

■社会福祉士事務所を立ち上げて、令和7年には15周年を迎えます。月日がたつのは早いものと感無量でありますが、その間、さまざまな人生を見つめてきました。その中でも印象深かったおひとりは、相続人に依頼され死後事務を仰せつかり、葬儀の喪主も代行させていただきました。喪主挨拶で、「本当に幸せな最期であったと思います」と胸を張って参列者の前で挨拶できたことは、自身の成年後見人としての自負でもありました。全くの赤の他人が、ご本人の最期のその日まで関わってきた日々は、その人と一緒に生きてきた自分自身の人生でもあります。本当に縁は異なもの、不思議なものと思います。これからも、出会ったおひとりおひとりの縁を大切にしていきたいと思います。(あかね雲)■PTA活動や地域活動、講演の仕事や飲み会、そしてお酒に最近はお昼ご飯も…2か月後に50歳になるのを目前に終活ではないがいろんなことを「卒業」し始めている。若い頃から気まぐれな性格でいろいろなことに手を出してきたが、もともと内向的で奥ゆかしく典型的な東北人気質、人生すでに折り返しているとは思うが余生はシンプルライフで行こうと決め「頑張らない」こととした。今後の自分の行動指針は「2人いる我が子の人生の邪魔をしないこと」と「年老いた両親が死ぬ前に死なないこと」の2つのみとし、その他のことは程々にやっていくこととした。そう決めたときからいい意味で諦めることができて、とても楽だ。目立たずひっそりと、自分を大事に生きていこう。そういえば地元の先人・宮沢賢治も言っていたな。「みんなにデクノボウと呼ばれ　褒められもせず　苦にもされず　そういう者に　私はなりたい」…(岳志)■さかんに宣伝されている国立東京博物館物館での「ハニワ」展に行ってきました。行く前には、ハニワというのは芸術作品ではなく埋葬時の副葬品だからたいしたことない、珍しいのと時間が経っているとことが価値かな、などとあまり期待しないで会場に足を運びました。ところが見学しながら会場を回っているうちにどの作品にというのではなく体がじんわりと暖かくなり、心が豊かな感覚に満たされてくるのです。絵画や彫刻などの芸術に感動した時とおなじなのです。自分でも「あれ、思わないことが起きている。感動している」と意外に思いました。ハニワ製作者たちが芸術的意匠をこらすなど、深遠な表現を意図したりしない素朴さにうたれたのかもしれません。本展覧会のウリになっている国宝「挂甲の武人」は鎧兜に身を包み、腰に剣、手には弓、背中には弓矢という大変勇ましいものですが、それですら像としては素朴です。何か親しみを感じてしまいます。私たちと共通のものを持つ祖先のなせる業のせいだろうか、それとも古墳時代は今ほど汲々としていない時代だったからハニワものどかなのだろうかなどと相変わらず愚にもつかないことを考えて楽しみました。(嘉)■2025年が幕を開けた。昨年は、仕事も体調もいま一つであった。現場主義の原稿もかけなかった。昨年5月ぐらいからゼイゼイと息切れし、喘鳴がしていたので、喘息が悪化したのかと思っていた。9月になると、100メートル歩くだけでもしんどくなった。医療機関にかかって薬を代えてもらったが、改善せず。10月になり38度の発熱。検査の結果、コロナでもインフルエンザでもなく、肺炎だった。ずっと潜伏していたのかもしれない。ずっと、喘息といわれてきたが。薬も効かないし、現在は、咳や痰もほとんどなくなった。胃カメラでその原因がわかった。この1年、健康でありたい。(享一)■9号を発行して、翌号はその半年後のはずだったのが、久しぶりの10号になってしまった。印刷・製本が間に合わない段階での独立型社会福祉士会の対面での研修会があり、そこに宣伝をかねてチラシ配布を行なった。旧知の方、あるいはその場で名刺交換をして、しばしの語りあい、さらには、その場での購入申し込みを受けるなど、こちらの予想していた以上の反応をいただいた。集まることの意義と発行することの意義をあらためて感じつつ、「やはり継続するしかないかなぁ」と静かな決意をしながら帰路についた。(ごん)

「現場主義」編集方針

1. 組織や団体などにとらわれることなく、また、「ある種の偏り」に陥ることなく、地域で活動するソーシャルワーカーの活動の姿（現場）を、独立型社会福祉士を中心に紹介する。
2. 現場でぶつかっている課題と成果を丁寧に拾い上げ、全体のものとすべく発信する。
3. ソーシャルワーカーとしての倫理観と価値観の検証・向上、スキルアップをめざす紙面構成にする。

次号予告　　2026年 春 刊行

特集テーマ　　「私が実践現場に立つわけ」

寄稿のお願い：『現場主義』は「現場」にこだわります。理論的なアプローチという視点よりも、現場に寄り添い、その現場にあるニーズをつかみ、そのニーズに応えられるような動きをするソーシャルワーカーたちにスポットをあてて編集いたします。

　そのためには、現場の実践者みずからが、できれば原稿執筆者でないといけないと考えています。そんな原稿を通じて、そのワーカーたちの動きを、その息吹きを紙面で伝えたいと思うからです。ですから、こちらからの原稿依頼よりも、現場からのご寄稿を、それが無理であれば、あそこにこんな人がいるよ、ここに面白い動きがあるよといった情報提供を、あるいは辛口の紙面批評を、いわば多様な編集協力を求めています。そういう方々がたくさんいることが、『現場主義』を発行するうえで、きわめて大切だと考えています。ぜひ、ご寄稿をお願いします。（編集部）

現場主義 ―ソーシャルワーカー最前線―　／　第10号

発行日　2025年4月25日

編集　　『現場主義』編集部
　　　　〒204-0024　東京都清瀬市梅園3-6-27　社会福祉事務所「寄り添い」気付
　　　　Tel/Fax 042-420-7234　　E-mail: genbashugir3@gmail.com

発行　　新科学出版社
　　　　〒169-0073　東京都新宿区百人町1-17-14　コーポババ21
　　　　Tel 03-5337-7911　FAX 03-5337-7912　E-mail：sinkagaku@vega.ocn.ne.jp

定価　　990円（本体900円）

・本誌の無断複写は著作権法上での例外を除き、禁じられています。複写される場合は、必ず編集部または発行所に許可を求めてください。